서
점
의 시
대

서점의 시대

지성과 문화가 피어난 곳,
그 역사를 읽다

강성호 지음

나무연필

일러두기

1 단행본은 겹낫표(『 』), 단편·중편·논문은 홑낫표(「 」), 신문·잡지는 겹꺾쇠표(《 》), 노래·영화·미술 작품은 홑꺾쇠표(〈 〉)로 표기했다.

2 근현대 인물이 함께 나오는 책이어서 편집의 통일성을 위해 인물의 한자 및 원어 이름, 생몰년 정보를 '찾아보기'에 정리했다.

3 옛글을 인용한 경우, 현대 표기법으로 고쳐 정리했다.

4 넓이의 단위는 과거에 통용된 방식대로 '제곱미터'가 아닌 '평'으로 기재했다.

우리에게 서점은 어떤 곳일까

결혼 이후 처음으로 떠난 제주 여행에서 아내와 나는 구좌읍 종달리로 향했다. 한적한 골목, 아담하고 따뜻한 공간, B급 감성으로 충만한 독립출판물, 주인장들이 마음대로 고른 책들 등등 난생처음 가본 독립서점의 풍취는 마음을 사로잡기에 충분했다. 이날의 경험은 우리 부부의 일상을 바꿔놓았다. 독립서점을 차리기 위해 장소를 물색하고, 서울에서 열리는 서점학교에 참여하고, 몇 군데 서점을 돌아다니며 지냈다. 서로 머리를 맞댄 뒤 어떤 책을 비치할지 고심하는 나날이 이어졌다. 2016년 1월 30일, 찬바람이 몰아치던 한겨울에 우리는 전남 순천의 원도심 한구석에 서점을 차렸다. 향교 입구로 가는 골목길에 자리한 곳이어서 '골목책방 그냥과보통'이라는 이름을 붙였다.

낯가림이 심한 나는 이 책방을 통해 멋진 동네 친구들을 사귈

수 있었다. 거리를 돌아다니며 동네 친구들과 인사를 주고받는 경험은 퍽 생소하지만 신나는 일이었다. 아내는 책방 공간을 매개로 멋진 일들을 벌여 나갔다. 사부작사부작 필사 모임, 가족이나 친구에게 털어놓기 힘든 이야기를 나누는 페미니즘 독서 모임, 함께 하고픈 내용을 낭독하면서 희생자의 넋을 기리고 유가족의 슬픔을 헤아려본 세월호 추모 낭독회, 한 달에 한 번 책방이 극장으로 변신하는 '보통의 극장' 등등. 취향을 공유하고 재밌는 일을 작당하면서 우리 부부는 30대 중반을 찬란하게 보낼 수 있었다.

우리가 즐겁자고 시작한 책방인 만큼 힘들면 언제든 그만둘 생각이었다. 개인적으로는 불특정 다수를 하염없이 기다리는 일이 힘들었고, 서점 문을 열고 들어오는 손님이 쏟아내는 무례한 말들을 무작정 들어야 할 때면 벅찼다. 손님이 모두 나와 맞을 수 없다는 건 잘 알지만, 무의미하게 시간을 빼앗긴다는 생각이 들 때면 나는 상당히 괴로웠다. 더 이상 책방이 즐거운 공간으로 다가오지 않았고, 하기 싫은 일을 감내하면서까지 책방을 유지할 이유가 없었다. 입간판을 내걸고 서점을 운영한 지 3년 가까이 되는 시점에 문을 닫은 이유이다.

돌이켜보면 서점은 내 인생의 고비마다 큰 의미로 다가왔다. 어울릴 친구도, 마땅히 갈 데도 없던 어린 시절에 동네 서점은 나의 아지트였다. 국민학교 5~6학년 때쯤에는 날마다 동네 서점을 들락날락하며 『퇴마록』의 세계에서 헤어 나오지 못했다. 서점 한구석에서 게임 북이나 아동용 괴기소설을 읽으며 시간을 보내던 기억도 난다. 다행히 서점 주인의 핀잔을 듣거나 눈치를 받은 기억은 없다. 내가 몰랐던 것일 수 있지만 말이다. '철강의 도시'에서 자란 나는 이후의 학창 시절에 주말마다 시내 한복판에 있던 포항문고로 놀러 다녔다.

나의 서점 여행은 2007년 하반기의 헌책방 순례 때 정점을 찍었다. 수도권 교류대학 교류학생으로 서울에 잠깐 머물 때였다. 낯선 타지에서 적응하는 게 쉽지 않다는 걸 새삼 깨달은 나날이었다. 헛헛한 마음을 달래준 건 서울 곳곳에 숨어 있는 헌책방들을 발견하는 기쁨이었다. 이때 최종규 작가가 쓴 『모든 책은 헌책이다』를 가이드 삼아 혼자만의 서울 탐방에 나섰다. 약간의 여윳돈과 시간이 생길 때마다 서울의 구석구석을 누비며 동네 곳곳에 숨어 있는 헌책방들을 눈에 담았다. 15년쯤 지난 지금은 과연 그곳들이 얼마나 남아 있을지 문득 궁금하다.

서점을 둘러싼 이 세 가지 경험과 기억이 이 책을 쓰는 데로 나를 이끌었다. 책을 좋아하는 사람치고 서점을 애정하지 않는 이가 어디 있겠냐만, 나는 늘 새로운 모험을 꿈꾸며 서점으로 발길을 옮겼던 것 같다. 나에게 서점은 무궁무진한 이야기가 숨어 있는 가능성의 공간이다. 참고서와 전공 도서로 가득한 서점에서조차 나는 자신 있게 모험을 떠날 수 있다. 서점의 어두운 서가 밑에 세상을 집어삼킬 음모가 도사리고 있다고 믿기 때문인지 모르겠다.

이 음모에 삼켜질지 아니면 맞설지는 서가에 어떤 책이 꽂혀 있느냐에 따라 달라질 것이다. 그러니 서점에 갈 때마다 나는 항상 새로운 모험을 시작하는 기분이 드는 것이다.

†

이 책은 몇 년 전부터 구상한 독서 문화사 시리즈의 두 번째 책이다. 시리즈의 첫 번째 책인 『혁명을 꿈꾼 독서가들』에서는 책의 가능성을 믿은 사람들과 책으로 자기 삶을 풍요롭게 만든 이들의 이야기를 '식민지 조선'과 '혁명'이라는 키워드로 엮어보았다. 이렇게 책 읽는 사람들에 관한 이야기를 다루었으니, 이번에는 책을 사고파는 장소에 대한 이야기를 써보고 싶었다. 독립서점 열풍이 불면서 서점에 관한 책이 다양하게 쏟아져 나왔지만, 막상 서점의 역사를 다룬 책은 찾기 힘들었다. 책의 문화사를 연구한 이중연 선생님의 노작 『고서점의 문화사』가 있을 뿐이다. 『고서점의 문화사』가 없었더라면 나는 이 책을 쓸 엄두를 내지 못하거나 쓰면서도 훨씬 헤맸을 것이다. 지면을 빌려 이중연 선생님의 노고에 경의를 표한다.

서점의 역사에 관한 책을 쓴다고 하면 돌아오는 반응은 둘 중 하나였다. 놀람과 의아함이다. 전자가 호기심과 반가움의 표현이라면, 후자는 집필 가능성에 대한 의문이었다. 실제로 서점의 역사에 관심이 있던 나조차도 작업을 시작하면서 과연 이 여정을 무사히 마칠 수 있을지 반신반의했다. 그런데 후자는 서점을 정적이고 고정된 공간으로 이해한 데서 비롯된 반응이 아니었을까. 언뜻 보기에 서점은 진열된 책의 집합소에 지나지 않으니 말이다.

막상 뚜껑을 열어보니 서점은 역사적으로 매우 역동적인 공간이었다. 근대 전환기에 서점은 새로운 사상과 지식을 소개하고 전파하는 곳으로 등장했다. 이후 책과 독자를 이어주는 지식 유통의 공간이자 출판운동의 매개체 역할을 했다. 때로는 '불온한 사상'의 출처로 탄압받기도 했는데, 그런 점에서 서점은 표현의 자유가 얼마나 보장되는지를 가늠할 수 있는 리트머스 종이와 같았다. 즉 서점에서 이루어지는 일은 책이라는 상품을 사고파는 상업적 행위이면서 동시에 사회문화적 성격을 띠고 있다. 그렇기에 한국 근현대 서점의 역사를 살펴보는 일은 그 시기의 지성사와 문화사를 되짚어보는 작업의 일환이기도 하다.

이 책은 크게 1부와 2부로 나뉜다. 1부에서는 서점에서 지식의 생산-유통-소비가 이뤄지는 과정을 살펴보고자 했다. 이에 19세기 후반부터 20세기 초반 사이에 서점이 등장하게 된 배경과 이유를 고찰한 뒤 근대 출판산업의 단초를 열었던 '출판서점' 이야기를 다루었다. 지배 권력과 맞서는 정신적 기반이 된 불온한 사상이 어떻게 서점에서 유통되었는지, 고루해보일 수 있는 고서점이 어떤 이야기를 품고 있었는지를 살폈다. 특정 분야의 지식 유통을 담당한 전문서점의 역사와 함께 서점 생태계와 지식의 장에 지대한 영향을 미친 대형서점의 등장도 조명해보았다.

2부에서는 서점에서 구체적으로 어떤 일이 벌어졌는지 살피면서 그 공간성을 집중적으로 탐색했다. 이를 위해 우선 근현대 시기에 조성된 다양한 서점 거리의 풍경을 스케치하여 서점의 장소성을 규명했고, 책뿐만 아니라 사람을 모이게 함으로써 일종의 살롱 문화를 꽃피운 서점들의 이야기를 다루었다. 여기에 더해 남성 위주의 서점계에서 고군분투한 여성들의 역사를 별도로 정리했으며, 독립서점 열풍이 불기 전 새로운 패러다임으로 승부한 서점들의 사례를 소개했다. 요컨대 이 책은 서점의 역사를 '지식 유통'과 '문화 창출'의 관점에서 조명했는데, 이는 곧 우리에게 서점은 무엇이었는가를 묻는 작업이기도 했다.

†

지금까지 몇 권의 역사책을 썼다. 역사학은 과거의 자취를 좇는 지적 여정인데, 그 자취는 누구에게도 친절하지 않다. 기록 자체가 부족할뿐더러 사라진 경우도 다반사다. 온갖 수단과 방법을 동원하더라도 역사 연구에 유의미한 내용을 찾기란 퍽 쉽지 않다. 하루 종일 고생만 하고 허탕을 치는 경우도 빈번하다. 설령 필요한 기록을 찾더라도 그 시대의 문화를 알지 못할 경우 의미를 제대로 파악하기가 어렵다. 역사학 연구자치고 기록 문제로 골머리를 앓지 않는 경우는 없을 것이다. 기록은 역사학을 짊어진 자들의 영원한 숙명이다.

이 책을 쓰면서 그 숙명을 다시금 절감했다. 서점 역사에 관한 기록이 많으리라고는 애초에 기대조차 하지 않았으나 없어도 너무 없었다. 여기에서 구구절절한 사연을 나열하지 않겠지만, 구술 기록을 확보하지 못한 것은 못내 아쉽다. 1980년대에 사회과학서점을 운영하거나 지역에서 오랫동안 서점을 꾸린 분들을 인터뷰해 생생한 이야기를 책에 반영하려는 구상도 했으나, 실행하지는 못했다. 이 책을 계기로 서점의 문화사와 함께 서점의 구술사가 기록되고 연구되었으면 하는 바람이다.

책을 집필하는 과정에서 많은 도움을 받았다. 전작인 『혁명을 꿈꾼 독서가들』이 근대 문학사 연구에 토대를 두었다면, 이 책은 상당 부분 근대 서지학 연구에 빚지고 있다. 서지학은 출판사와 서점, 저자와 출판사, 저작권과 판권 등을 실증적으로 추적하는 학문이다. 글을 쓰면서 무수히 많은 책의 판권지(책 제목, 저자, 발행인, 발행일 등 책의 메타 데이터를 수록한 지면)를 찾아봐야 했는데, 이는 색다른 독서 경험이었다. 수많은 어려움 속에서도 문학사와 서지학 연구에 천착하는 분들께 감사의 인사를 전하고 싶다.

이외에도 자료 조사 과정에서 많은 직접적인 도움을 받았다. 인간다운 삶을 살기 위해 자본주의와 맞선 노동자들의 수기가 담긴

노조 소식지를 보여준 구로공단 노동자생활체험관, 전주 홍지서림의 사보를 볼 수 있게 배려해준 전주시민기록관, 청계천과 대학천의 헌책방 거리를 조사할 때 수고를 덜어준 청계천박물관, 귀중한 녹취록을 제공해준 세운협업지원센터, 세운기술서적의 자료를 선뜻 공유해준 아마추어 서울 덕분에 이 책은 조금이나마 더 탄탄해졌다. 독립서점에 관한 자료를 빌려준 다정한 동네 이웃 골목책방 서성이다와 책방심다의 호의도 있었다.

틈틈이 남는 시간을 활용해 집필 작업을 했으나 아무래도 평일 저녁과 주말에 집중해서 책을 쓸 수밖에 없었다. 나의 연구를 응원하는 아내의 배려가 없었더라면 여가 시간에 작업을 한다는 건 불가능했을 것이다. 아내는 사물의 핵심을 잘 파악하고 따뜻한 마음을 잃지 않는 멋진 친구다. 아내와 함께 살면서 서로의 꿈을 아끼고 북돋워주는 경험을 누리고 있다. 큰 행운이라고 생각한다. 한창 이 책을 쓸 때 이음이는 여섯 살 개구쟁이였다. 아빠의 공부를 기다려준 의젓한 이음이에게 사랑한다는 말을 전한다.

— 차례 —

1부

서점탄생

書店誕生

세상의 수많은 지식은
서점에서 유통되었다

1장

종이에 가치를 부여하다

사민필지. 세계 지리서를 한문으로 번역한 것인데 사람마다 볼
만한 책이니 학문상에 유의하는 이는 이 책을 종로책전에서 사시
압. 값은 여덟 냥.

이 문구는 국내 최초의 민간 신문인 《독립신문》 창간호(1896년
4월 7일)에 실린 책 광고다. 내용인즉 『사민필지士民必知』라는 책을
구입하려면 종로책전에 가서 여덟 냥에 사라는 것이다. 이 책은
우리나라 최초의 서양식 학교인 육영공원에서 외국인 교사로 일
한 호머 헐버트가 1889년에 한글로 집필한 세계 지리 교과서이
다. 1895년에는 당시의 교육부인 학부學部에서 이 책의 한문본을
펴냈는데, 앞서 인용한 광고는 바로 이 한문본을 선전한 것이다.

한글로 지은 최초의 교과서인 『사민필지』의 한문본과 《독립신문》 창간호에 실린
이 책의 광고. 『사민필지』는 조선 사회가 해외로 시야를 넓혀가던 시기에 세계 지
리에 대한 정보를 담아 큰 호응을 얻었는데, 국내 최초로 광고를 제작해 홍보한
책일 것이다.

개항 이후 국제질서가 재편되던 시국에 세계 각국과 교류하는 데
필요한 지리 정보를 모아 펴낸 책이라 큰 호응을 받았다.

아마도 《독립신문》 창간호에 실린 『사민필지』 홍보문은 국내 최
초의 책 광고일 것이다. 근데 광고 말미에 등장하는 '종로책전'에
눈길이 간다. 여기서 종로책전이란 서울 종로에 위치한 서점을 말
한다. 이곳의 정체는 두 달 뒤 같은 신문에 실린 또 다른 광고를
통해 유추해볼 수 있다.

대동서시. 종로 대동서시란 책사冊肆는 예수교 성경과 공업·화
학·천문·지리·산학·외학 등 서書와 학부 책과 팔월사변 보고서
를 파오니 첨군자는 사 보소서.

　1896년 6월 23일자《독립신문》은 갑오개혁 이후 사회 변화의
바람이 휘몰아치는 가운데 등장한 '대동서시'를 알리고 있다. 대
동서시는 1894년에 탁사 최병헌이 종로에서 운영한 서점의 이름
이다. 최병헌은 한국 기독교 역사의 초창기에 활약한 인물. 그리
고 이 서점이 앞서 인용한 광고에 언급된 종로책전으로 추정된
다. 대동서시는 기독교 서적을 비롯해 각종 신서적과 학부에서
발행한 학교 교과서를 팔았다. 광고에 언급된 '팔월사변 보고서'
도 흥미롭다. 이 책의 정확한 명칭은『개국 504년 팔월사변 보고
서』로, 조선이 건국한 지 504년째 되는 1895년에 벌어진 을미사
변(명성황후시해사건)의 진상을 세상에 알리고 일본의 만행을 규탄
하기 위해 펴낸 16쪽짜리 소책자다.
　사실 대동서시는 몇 번의 부침을 겪었다. 1886년 헨리 아펜젤
러 선교사는 일본인 거주지인 서울 서대문 밖에 서점을 차린 적이
있다. 그가 조선에서 선교 활동을 벌인 지 1년이 조금 넘은 때였
다. 이후 그는 종로에 새로 가게를 얻어 대동서시를 차렸다. 서대
문 밖 서점을 연 지 4년이 지난 1890년이었다. 운영 실적이 부진
해서였는지 아니면 최병헌을 책임자로 두고 확장한 것인지는 알

수 없으나, 아펜젤러는 1894년에 대동서시를 새로 단장했다. 광고에 등장하는 대동서시는 그가 두세 번의 고군분투 끝에 최병헌에게 운영을 맡긴 서점이다.

지물포에서 태동한 근대의 서점

19세기는 서양의 제국주의 세력이 동아시아를 침략한 서세동점의 시대였다. 서세동점이 야기한 변화는 지식의 생산과 유통, 그리고 소비 형태에 큰 영향을 미쳤다. 무엇보다 근대 인쇄술의 유입은 책의 대량생산을 가능하게 만들어서 책의 희소성을 감소시켰다. 이전의 책이 대개 성현의 탁월한 지혜를 담은 일종의 정전 canon이었다면, 더 이상 책은 희귀하지도 않고 성스러운 대상도 아니었다. 성현의 말씀은 언제 어디서나 화폐와 맞바꿀 수 있는 상품이 되었다. 책을 둘러싼 새로운 기술의 유입이 책에 대한 사회적·문화적 인식을 바꾸는 계기로 이어진 것이다.[1]

근대 서점은 이러한 변화와 맞물리면서 출현하는데, 이때의 서점은 다양한 명칭으로 불린다. 보통 서점 주인의 이름 뒤에 서포書舖, 서사書肆, 책사冊肆, 서관書館, 서시書市 등이 붙는 식이었다. 서점 주인들은 판매에서 오는 경제적 이윤을 바라고 책 장사에 뛰어들었지만, 각종 서적의 출판과 판매를 통해 문화 발전에 기여하려는 동기도 품고 있었다.

　흥미로운 점은 서점의 목적이 '영리'인지 '계몽운동'인지에 따라 취급하는 책의 종류가 조금 달랐다는 사실이다. 상업적 영리를 목적으로 한 경우 신구서적을 가리지 않고 팔았다. 반면에 계몽운동에 방점을 둔 경우 서양의 근대 지식을 보급하고 새로운 시대정신을 전파하기 위해 주로 신서적을 판매했다. 이처럼 근대 서점은 상업적 욕구와 계몽적 욕구가 공존하는 양태로 등장한다.

　그렇다면 조선 시대에는 왜 서점이 발달하지 못했을까. 조선 전기까지 책은 개인 문집이나 족보를 편찬하는 경우에만 만들어졌다. 이렇게 된 가장 큰 이유는 책이 매우 값비싼 물건이었기 때문이다. 당시 지식인들에게 기본적인 책이었던 『대학』이나 『중용』도 중간 품질의 면포綿布 서너 필을 주어야 살 수 있었다.[2] 면포 서너 필의 가격은 논 두세 마지기 소출에 해당할 정도였다. 종이 값이 비싸니 책이 비쌀 수밖에 없었고, 이는 책 유통에 결정적인 장벽이었다. 심지어 조선 시대에는 서적 품귀 현상이 일어나기도 했다. 그러니 책의 판매와 유통은 만만치 않은 일이었다.

　이와 더불어 책을 가문 대대로 전해 내려오는 보물로 여기는 문화도 서점의 발달을 가로막는 데 큰 몫을 했다. 양반들에게 책을 사고파는 행위는 불경스럽고 무식한 짓이었다. 게다가 조선은 금속활자 기술이 일찍이 발달한 나라였지만, 중기까지는 국가가 인쇄를 엄격히 통제하고 책의 제작과 유통도 독점했다. 철저히 정치가 지식을 지배했기에 유교 이념을 담은 중국 고전을 필요한 이들에게 찍어서 나눠주면 그만이었다. 그러니 책을 쓸 사람도 별로 없었고 책을 집필할 이유도 마땅치 않았다.

그나마 중종 시대(1506~44)에 서점 설립에 관한 논의가 급물살을 타지만, 기묘사화(1519)가 터지면서 물 건너가고 말았다. 이후 어득강이라는 사람이 중종에게 세 차례에 걸쳐 서점 설립을 건의했으나 소용없었다. 그러다가 대중문화가 꽃피면서 민간에서 펴낸 방각본이 인기를 얻고 책을 돈 받고 빌려주는 세책점도 등장하지만, 독자적인 서점의 설립으로까지 이어지지는 않는다.

근대 인쇄술의 유입과 함께 다양한 서구 사상과 지식이 들어오기 시작한 19세기 후반에 서점이 본격적으로 등장한 것은 결코 우연이 아니다. 당시 신서적은 조선 사회가 나아가야 할 방향을 제시하는 역할을 해주었다. 이를 통해 얻은 근대 지식은 억압적인 지배 질서에 맞서 싸우는 데 필요한 저항의 논리를 제공하기도 했다. 예를 들면 1899년 지방관의 학정을 분통히 여긴 황해도 장연군 주민들은 『법규류편法規類編』을 비롯한 법률 서적을 구입해 주야로 통독한 후 항거할 계획을 세웠다고 한다.[3] 『법규류편』은 당시의 방대한 근대 법령을 엮은 책이다. 관리의 학정에 맞서 싸우고자 책을 통해 법률 지식을 익히려 했던 모습은 지식의 유통이 이전과 다른 경향으로 흘러가고 있다는 걸 시사한다.

근대 전환기에 해당하는 19세기 후반에 등장한 서점의 양상은

《황성신문》 1899년 7월 21일자에 게재된 『중동전기』의 광고. 판매처로 대동서시, 유우현구물전, 정두환지점, 위경식지전을 안내하고 있다. 서점뿐 아니라 지점과 지전, 즉 지물포에서 이 책이 유통되었음을 확인할 수 있는 자료다.

혼종적이었다. 그 이유는 전부터 존재하던 지물포紙物鋪가 서점의 기반이 되었기 때문이다. 이러한 사실은 본격적으로 서점이 등장하기 전에 지물포가 책의 유통을 담당한 데서 알 수 있다.[4]

1890년대 신문에 실린 책 광고를 살펴보면, 각종 종이를 파는 가게인 지물포에서 책 판매를 겸한 경우를 흔히 볼 수 있다. 가령 《황성신문》 1899년 7월 21일자에는 청일전쟁을 다룬 역사서인 『중동전기中東戰記』의 광고가 실려 있는데, 이 책의 판매처로 대동서시와 함께 정두환지전과 위경식지점이 언급된다. 여기에서 지전紙廛과 지점紙店이란 지물포를 말한다. 그 밖에도 안국동 사거리의 장계현지전, 종로4가 배오개梨峴의 편홍기지전, 남대문 안 창동의 송원규지전, 공평동 평리원 앞의 김효연지전, 탑골의 김윤식지전 등이 책 판매를 겸한 지물포였다. 이곳에서는 『미국독립사』, 『파란말년전사』, 『법국혁신전사』, 『정선만국사』 같은 역사책을 주로 취급했다. 그러나 1905년 전후로 전문적인 서적상이 등장하면서 지물포에서는 더 이상 책을 취급하지 않게 된다. 근대 서점의 출현과 관련하여 책의 유통 공간이었던 지물포에 대한 연구가 필요해보인다.

회동서관은 조선 시대의 지물포가 근대 서점으로 바뀌어가는 양상을 잘 보여준다. 회동서관의 전신인 고제홍서사가 지물포를 인수하면서 출발한 서점이기 때문이다.[5] 고제홍은 원래 면포전綿布廛을 운영하던 포목상이었다. 당시에 포목 사업은 서구의 면포가 수입되면서 사양길에 접어들고 있었다. 가내수공업 방식으로 생산한 조선의 면포는 기계로 방직한 서구의 면포를 당해낼 수 없었던 것이다. 이를 재빨리 간파한 고제홍은 경성 대광교 근처에 있던, 세책점을 겸한 지물포를 인수해 자신의 이름을 내건 '고제홍서사'를 차렸다. 1890년대 후반쯤의 일이다.

고제홍에게 책 장사는 전망이 밝은 일종의 문화산업이었다. 그는 한시, 의서, 소설, 사기 등의 '당판唐板', 즉 목판으로 인쇄한 중국 서적을 수입하여 판매해 가게를 꾸려 나갔다. 이는 고제홍이 "갓 쓰고 도포 자락을 휘날리며 쪽배에 몸을 싣고" 상하이로 건너가 한 번에 몇백 냥어치씩 당판을 사들여서 벌인 일이었다. 당시로선 누구도 생각지 못한, 그의 사업 수완을 엿볼 수 있는 대목이다. 고제홍서사는 중국 서적을 수입해 서점을 운영해 나간 외국서적 전문서점의 원조일 것이다. 이 서점은 1907년 고제홍의 아들

고유상이 물려받은 뒤 회동서관으로 이름을 바꾸어 그 명맥을 이어간다.

회동서관과 마찬가지로 주한영책사도 지물포에서 출발한 서점이다. 이러한 사실은 《황성신문》 1901년 6월 28일자에 등장하는 '주인섭지전'과 같은 신문 1902년 6월 19일자에 나오는 '주한영책사'가 모두 "중서 동구 파조교 월편中署 洞口 罷朝橋 越便"이라는 동일한 주소를 쓴 데서 알 수 있다. 추측건대 주인섭이 운영한 지물포가 주한영의 서점으로 바뀌었을 가능성이 다분하다.[6] 주한영은 함경도 사족 출신으로 "신문화에 대한 이해와 계몽의 사명"을 가지고 서점을 연 인물이었다.[7] 아쉽게도 그는 1910년 이후에 서점 문을 닫은 뒤 경성의 중동학교(현 중동중·고등학교의 전신)에서 서예를 가르쳤다.

이번에는 객주였던 박태윤 밑에서 일하다가 그의 후원으로 서점을 차린 지송욱의 사례를 살펴보자.[8] 지송욱의 서점에 대해서는 소설가이자 시인인 월탄 박종화의 회고록에 자세히 기록되어 있다. 박태윤의 손자인 그는 "우리 집에는 신구서림이라는 커다란 책사가 있었다. 이 책사는 지송욱 씨라는 분이 경영하신 것이다. 이분은 내 조부께서 자질子姪(아들과 조카)과 같이 귀엽게 생각하는 분이다. 이분이 책사를 내겠다 하니 우리 조부는 쾌히 허락하시고 자본과 집터와 인출소印出所를 빌려주셨다"라고 이야기한다.[9]

그렇다면 지송욱은 왜 책 장사에 뛰어들었을까. 이는 객주 박태

지송욱이 운영한 신구서림은 변화하는 시대에 발맞춰 새로운 시도를 해나간 근
대 서점이다. 1924년부터 이 서점은 노익환이 운영했으며, 사진은 그가 운영하던
1931년의 신구서림 사옥 모습이다.

윤이 주로 종이를 취급하던 상인이라는 데서 연유한다. 그는 전주
에서 한지를 구입해 서울에 갖다 파는 일을 했다. 경성 이북에서
사용하는 모든 종이는 그를 거쳐야 할 정도였다. 사업 규모가 커
지자 박태윤은 종이의 부가가치를 높일 방법을 고심했다. 그 결과
믿을 만한 이에게 "한국의 고전과 문헌을 인출"하는 일을 시키기
로 마음먹는다.[10] 종이에 가치를 부여하는 최선의 방법으로 출판
업을 구상한 것이다. 발상의 전환을 꾀한 박태윤의 도전 정신 덕
분에 지송욱은 서점을 차릴 수 있었다.

본격적인 책 장사에 뛰어든 지송욱은 처음에 인출소에서 목판
본을 만들어 판매했다. 소년 박종화는 글방에서 책을 읽다가도 틈
만 나면 인출소로 가서 "책 박는 구경"을 했다고 한다. 그런데 활

자본이 나오면서 "구식 목판본으로는 장사를 할 수 없는" 상황에 처했다. 위기를 타개하고자 지송욱은 박태윤에게 허락을 받은 뒤 마굿간을 털어서 서점을 "길가 전면으로" 내세우고 "앞면을 유리 창문으로" 바꾸었다. 이때 상점 이름을 '신구서림'이라 짓고 간판을 달았다. 진열대에는 인출소에서 찍어낸 목판본뿐만 아니라 신서적과 신소설을 깔아두었다.

신구서림의 등장과 변화는 근대 서점의 탄생을 입체적이면서도 징후적으로 보여준다. 종이 장사로 막대한 부를 거머쥔 객주 박태윤은 자신의 주력 상품인 종이에 가치를 부여하고자 출판과 서점 사업을 시작했다. 여기에 더해 박태윤에게 장사를 배운 지송욱은 변화하는 시대에 맞춰 기민하게 일을 펼쳐 나간 것이다.

책의 발행과 유통이 분화하다

근대 서점은 경성 이외 지역에서도 출현한다. 1905년 전후로는 전국 각지에 들어서면서 서점 설립이 보편적 문화 현상으로 자리 잡는다. 한 연구에 따르면, 1910년 이전까지 문을 연 서점 수가 140여 개에 이른다고 한다.[11] 서점의 대량 출현은 책이 시장성 있는 상품으로 각광받기 시작했음을 의미한다.

그런데 전통적인 출판문화 중심지에서 서점이 나타난 것은 주목할 만한 현상이다. 조선 후기에는 국가의 공식 인쇄소가 아니라 민간 출판업자가 영리를 목적으로 책을 만들기 시작한다. 이런 책을 방각본이라고 하는데, 전문 기술을 가진 각수刻手가 목판을 제작해 인쇄하는 경우가 대부분이었다. 방각본은 19세기에 가장 많이 읽히고 유통된 책으로 소수가 독점하던 책을 대중의 영역으로 확대했다는 점에서 중요한 의미를 지닌다. 특히 중인과 여성, 그리고 평민 남성 사이에서 큰 인기를 끈 방각본 소설은 19세기 조선의 대중문화를 이끈 아이콘이었다.

방각본은 서울 이외에 전주와 안성, 그리고 대구에서 찍어낸 것이 잘 알려져 있다. 별도로 경판본, 완판본, 안성본, 달성본이라는 이름이 붙을 정도였다. 이 가운데 전북 전주 일대는 유명한 방각본의 메카였다. 조선 시대에 전주는 전라도 일대를 관할하는 전라감영이 자리한 호남의 수도였다. 전라감영에는 한지를 만드는 지소紙所와 책을 만드는 인출방印出房이 있었으며, 이러한 인쇄문화를 기반으로 전주는 출판 도시로 성장할 수 있었다. 한마디로 조선 후기 전주는 서적의 제작과 보급에 중요한 지역이었다.

전주의 방각본, 즉 완판본 출판은 1900~10년대에도 성행했다. 전주의 대표적인 시장인 남문외장(지금의 남부시장)을 중심으로 서계서포, 다가서포, 문명서관, 완흥사서포, 칠서방 등의 방각본 발행소가 있었다. 중요한 점은 이곳에서 책의 발행과 유통이 분화하는 양상을 포착할 수 있다는 사실이다. 나중에 자세히 이야기하겠

완판본을 찍어낸 방각본 발행소들이 모여
있던 전주 남문외장의 모습(위). 일제강점
기에 촬영한 사진이다. 칠서방에서 1916년
에 발행한 『중용언해』의 판권지(왼쪽)에는
인쇄와 발행처로 칠서방이, 판매처로 경성
의 신구서림, 회동서관, 동미서시가 적혀 있
다. 이 시기에 책의 발행과 유통이 분화했음
을 유추할 수 있다.

지만, 이때는 출판사와 서점이 전문적으로 분업화하지 않은 시기
였다. 출판사가 곧 서점이었고, 서점이 바로 출판사였다.

　전주의 방각본 발행소 중 하나인 다가서포가 책을 펴내면서 판
권지에 '경향京鄕(서울과 시골) 각 서관'이라고 판매처를 표기한 점
은 매우 흥미롭다. 추측하기로는 다가서포가 출판물을 유통하기
위해 전국의 각 서점들과 협력 관계를 맺은 것으로 보인다.[12] 판매
처를 지정한 것을 볼 때 다가서포는 책의 발간뿐 아니라 유통에도

신경 썼음을 알 수 있다.

더 나아가 칠서방은 책을 판매하는 서점을 별도로 운영했다. 이 곳에서는 '칠서七書', 즉 조선 시대의 교양서인 사서삼경을 전문적으로 펴냈는데, 전주군 다가정 1정목 45번지에 창남서관을 개설한 뒤 경성에 있는 신구서림, 회동서관, 동미서시와 제휴를 맺어 책의 판로를 개척했다. 전주의 칠서방에서 발행한 사서삼경이 경성의 서점에서 유통된 것이다.

특히 칠서방은 책 유통에 있어서 회동서관과 긴밀한 관계를 맺었던 것 같다. 앞서 살펴보았듯이 고제홍서사에서는 중국 상하이에서 간행한 당판을 수입해 판매했는데, 이는 회동서관으로 이름을 바꾼 뒤에도 이어진다. 그런데 회동서관에서 수입한 당판 책에 칠서방과 창남서관의 도장이 찍힌 경우가 있다.[13] 당시에 서점에서는 판매 도서를 관리하면서 책에 도장을 찍었다. 이러한 사실로 보건대 20세기 후반 중국에서 간행한 책이 경성의 회동서관에 납품되었고, 다시 전주의 칠서방과 창남서관에서 유통되었음을 알 수 있다.

책의 유통망은 경성-전주뿐만 아니라 전주-대구로도 확장되었다. 전주의 다가서포가 발행한 『통감』의 판권지에 대구의 신구서포와 재전당서포 도장이, 전주의 서계서포가 발행한 『유충열전』 판권지에 재전당서포 도장이 찍힌 것이 확인된 바 있다. 이를 통해 전주에서 펴낸 책이 대구에서도 유통되었음을 알 수 있다.

대구 재전당서포의 책 도장. 위에는 서점 주소가, 아래에는 서점 이름이 있다. 당시의 서점에서는 도서를 관리하면서 책의 속표지나 판권지 등에 도장을 찍었는데, 이를 통해 어떤 서점에서 그 책을 판매했는지 추정할 수 있다.

재전당서포는 대구의 방각본 출판을 주도한 발행소이자 서점이다. 종종 대구의 고서점에서 이곳의 도장이 찍힌 고서를 발견할 수 있는 이유다. 재전당서포는 1907~10년 사이에 『출판발매목록』을 만든 적이 있는데, 이를 살펴보면 방각본을 펴내면서 동시에 다른 곳에서 만든 책을 판매한 것으로 보인다. 주로 개화기에 발행된 교과서와 함께 『혈의누』, 『이태리독립사』, 『월남망국사』, 『애국부인전』 등의 신소설과 역사서를 팔았다. 즉 재전당서포는 출판사로서 기존 독자를 겨냥한 구식 방각본을 펴냈지만, 서점으로서는 신구서적을 가리지 않고 판매했다.[14]

지물포에서 출발한 회동서관과 주한영책사, 종이 장사로 큰돈을 번 박태윤의 후원으로 개설한 신구서림, 한지 생산지인 전주에서 방각본을 만들고 서점을 연 다가서포와 칠서방 등을 통해 우리 서점의 역사가 종이가 만들어지고 모이는 곳에서 시작되었음을 알 수 있다. 근대 서점은 '종이'라는 물성에 새로운 지식과 대중성이라는 '가치'를 부여하면서 등장한 것이다. 그리하여 우리는 다양한 책을 보고, 만지고, 느끼고, 읽고, 큰 부담 없이 구매도 할 수 있게 되었다. 근대 서점은 지식의 유통에 매우 큰 변화를 불러온 셈이다.

2장

근대 서점의 기점, 출판서점

19세기 말에서 20세기 초에 등장한 근대 서점은 출판산업의 단초를 열었다. 이는 근대 서점이 '발행'과 '발매'를 겸하는 시스템으로 운영된 데서 연유한다. 발행이 저작권을 보유한 서적을 출판하는 행위를 일컫는다면, 발매는 여러 곳에서 발행한 서적을 판매하는 일을 말한다. 근대 서점은 책을 간행한 뒤 전국 각지에 도매로 납품하면서 동시에 자기 공간에서 각종 신구서적을 소매하는 경우가 많았다. 문구류와 잡화까지 취급하면서 말이다.

　앞으로는 발행과 발매를 겸업한 곳을 '출판서점'이라고 부르려 한다. 이는 한국 근대 서점의 역사뿐 아니라 출판의 역사에서도 주목할 지점인데, 출판서점이라는 독특한 존재는 1950년대까지 이어진 듯하다.

그때는 책을 교환을 했습니다. 가령 갑이라는 출판사에서 갑이라는 서적을 출판하면 을이라는 출판사에서 출판한 을이라는 서적과 교환을 하고, 같은 서적은 발행하지 않았습니다. 그랬던 것이 차차 경쟁을 하게 되면서 판권이 없는 것들은 너도나도 발행을 하게 되었지요.[1]

1938년《조광》의 보도에 따르면, 근대의 출판서점들은 상호 교환하는 조건으로 다른 출판사의 서적을 판매하기도 했다. 전국을 아우르는 서적 도매상(총판)이 없던 시절이라 물물교환 방식으로 책을 유통했던 것이다. 상상의 나래를 펼쳐보자면, 근대 서점의 서가에는 서점마다 특유한 책들이 진열되지 않았을까 싶다. 이용자 입장에서는 방문한 서점이 어떤 서점과 책을 거래했느냐에 따라 구경하고 구매할 수 있는 책이 달랐을 것이다. 실제로는 책 유통망이 매우 조악했던 탓이지만, 달리 보면 이때야말로 서점의 개성이 한껏 뚜렷했던 시기가 아닐까.

계몽운동의 구심점으로 떠오르다

대한제국 시기의 출판은 가히 출판운동이라 할 만큼 사회참여적인 분위기에서 이루어졌다.[2] 을사늑약(1905) 이후 출판된 서적의 분야를 살펴보면, 역사 전기물과 교과서, 사회과학서가 큰 비중을 차지한다. 우선 중국사를 중시한 것에 대한 비판과 반성으로 조선사를 다룬 역사 전기물 출판이 잇따랐다. 또한 근대 국민국가를 수립하는 데 필요한 지식을 담은 교과서와 서구 지식을 전하는 사회과학서가 출간되었다. 이 시기에 나온 소설들은 풍자성이 강해 판매금지 처분을 받기도 한다. 일률적으로 평가할 순 없지만, 1905~10년에 출판된 서적에 나라를 구하기 위한 시대적 고민이 강하게 투영된 것은 분명한 사실이다.

황해도 안악의 출판서점인 면학서포의 사례를 보면, 이 시기에 책이 중요한 매체로 대두되었음을 확인할 수 있다. 당시 안악은 황해도에서 신문화운동의 중심지로 부상한 지역이다. 이러한 곳답게 안악의 교육계와 기독교계 인사들은 1906년 12월경 안악면학회라는 계몽 단체를 설립한다. 여기에서는 지역사회에 근대식 교육을 보급할 방법을 고심하는데, 이는 책의 유통에 대한 관심으로 이어지고 1907년 봄에 면학서포라는 출판서점을 설립하게 된다. 면학서포는 근대 지식을 전파하기 위해 수천 권에 달하는 책을 비치하는데, 이는 황해도 일대의 지적 수요가 커진 데 대한 대응이기도 했다.

다른 곳과 마찬가지로 면학서포도 출판을 병행했다. 제일 먼저 발행한 책은 『교육학』(1907)으로, 일본 유학을 다녀온 최광옥이 번역하고 박은식이 감수를 맡은 번역서였다. 교육 계몽을 표방한 안악면학회의 지향점이 면학서포의 출판으로 이어진 게 잘 드러나는 대목이다. 면학서포는 다음 해(1908)에 한국어 문법을 다룬 『대한문전大韓文典』을 출간하는데, 이 책은 주시경의 『국어문전음학國語文典音學』과 더불어 한글운동 역사에서 쌍벽을 이루는 명저다. 면학서포가 발행한 책들은 광학서포와 야소교서원 등을 통해 전국 각지로 퍼져 나갔다.

경성의 종로통에서 김상만이 운영한 광학서포는 대한제국 시기에 계몽 서적을 가장 여러 종 발간한 출판서점이다. 그러다 보니 1910년에 나라가 망하자 일제의 탄압을 가장 심하게 받을 수밖에 없었다. 역설적으로 한일병합 이후 출판시장의 몰락을 극명하게 보여준 서점이 된 셈이다. 광학서포는 일제의 잇따른 압수와 판매금지 처분으로 치명타를 입고 끝내 회생하지 못한다. 일제에 의해 금서禁書가 된 광학서포의 책들은 『애국부인전』, 『국가학강령』, 『이태리건국삼걸전』, 『을지문덕』, 『여자독본』, 『찬미가』 등 18종이나 되었다.

이 시기의 서점들이 국채보상운동에 참여한 것도 눈여겨볼 지점이다. 국채보상운동은 1907년 1월 29일 계몽운동을 벌이던 대구광문사에서 김광제와 서상돈의 발의로 시작한 뒤 전국 각지로 확산된 자발적 대중운동이다. 이날 모임은 대구광문사라는 이름을 대동광문회로 바꾸는 문제를 의논하는 자리였다. 이때 대구광문사 부위원장인 서상돈이 3개월간 담배를 끊어 민간에서 국채를 보상해보자고 제안한다. 당시에 담배는 일본인이 폭리를 취하는 대표적인 상품 중 하나였기 때문이다. 이 제안을 계기로 국채보상 기성회가 꾸려진다.

이때 의연금을 거두는 수전소收錢所로 경성에서는《야뢰보夜雷報》사무소, 광학서포, 건재약국, 대한매일신보사, 상동청년학원 사무소, 회동서관, 주한영책사가 선정된다. 신문사, 잡지사, 교육기관, 약국과 함께 출판서점이 세 곳이나 있다. 이처럼 출판서점들은 국채를 갚기 위한 의연금을 걷는 데 앞장섰고, 자연스럽게 국채보상운동의 거점으로도 주목받게 된다. 또한 광학서포의 김상만, 회동서관의 고유상, 주한영책사의 주한영은 국채보상기성회의 발기인이 되어 운동에 더 깊이 발을 들인다.

국채보상운동과 근대 서점의 연관성은『월남망국사』의 유통망을 통해서도 확인할 수 있다.『월남망국사』는 중국의 지식인 량치차오와 베트남의 지식인 판보이쩌우가 일본에서 공동 집필한 책이다. 프랑스의 침략으로 베트남이 나라를 잃는 과정을 그리면서 제국주의 열강의 위협을 폭로하는 내용으로, 1905년 11월에 원서가 출판됐다. 이 책은 중국과 베트남뿐 아니라 대한제국에서도 주목을 받아 1년 사이에 번역본이 세 종이나 나올 정도였다. 독자들에게도 널리 읽혔는데, 서구 열강의 침략을 목도하며 타개책을 모색하던 이들에게 지침서 역할을 해주었을 것이다.

그런데『월남망국사』의 판매처와 국채보상운동의 수전소는 상

1907년 5월 27일에 발행한『월남망국사』현채 번역본 재판의 표지와 판권지. 판권지에 밝힌 이 책의 판매처 다섯 군데 중 세 곳이 국채보상운동의 수전소였다. 이처럼 당대의 서점들은 사회운동에 조응하는 활동을 벌여 나갔다.

당 부분 겹친다. 『월남망국사』의 한국어판 출간은 현채 번역본 (1906년 11월)과 주시경 번역본(1907년 11월), 그리고 이상익 번역본(1907년 12월)으로 이어진다. 이 중에서 한국어판의 바탕이 되는 현채 번역본은 국채보상운동의 진원지인 대구광문사에서 발행했다. 그런데 1907년 5월 27일에 펴낸 현채 번역본 재판의 판권지를 보면, 이 책의 판매처로 대동서시, 고유상서사(회동서관), 김상만서사(광학서포), 주한영서사, 김효연서사가 등장한다. 『월남망국사』를 판매한 다섯 군데 서점 가운데 무려 세 곳(회동서관, 광학서포, 주한영서사)이 국채보상운동의 수전소였다. 이처럼 당대 서점들은 본연의 일뿐만 아니라 사회운동에 조응하는 활동도 함께 벌여 나갔다.

서점의 시대

종합출판사의 효시, 회동서관

고제홍서사에서 출발한 회동서관은 한국 출판의 역사에서 종합 출판사의 효시라 할 수 있는 출판서점이다. 이곳에서는 11개 분야에 걸칠 만큼 다양한 책을 펴냈고, 출간 종 수도 200여 종이나 되었다.[3] 아직 발굴하지 못한 책까지 고려한다면 회동서관의 출판 목록은 더 길어질 가능성이 있다. 또한 고소설을 제외한 모든 출판물에 대해 계약을 맺고 인세를 지급한 출판사로도 잘 알려져 있다.

회동서관이 처음 펴낸 책은 조선 역사 속 걸출한 장군들의 이야기를 모은 『해동명장전』(1907)이다. 이어서 낸 조지 워싱턴의 전기 『화성돈전』(1908)은 대중의 큰 호응을 얻었다. 한편 1909년에 출간한 『자전석요字典釋要』는 우리 나라 최초의 옥편으로 회동서관의 회심작이었다. 고유상은 일본의 인쇄 기술이 성에 차지 않아 직접 상하이까지 가서 사진 석판으로 인쇄를 해올 정도로 『자전석요』 제작에 공을 들였다.[4] 이 책은 출간 뒤 10만 부나 판매되면서 한국의 근대 출판 사상 최초의 베스트셀러로 등극한다.

나라가 망한 후 회동서관의 상황은 절망적이었다. 이를 두고 서점의 운영자인 고유상은 "한국의 주권이 일본인의 손으로 넘어가고 조선총독부가 들어앉더니 경찰에서 수레를 끌고 와서 대한제국 시대에 발간된 책을 모조리 실어갔다. 돈 한 푼 못 받고 빼앗기는 손실도 컸지만 이제는 망했구나 탄식이 나와서 눈물을 흘리며 책을 뺏겼다"라고 증언했다.[5] 한순간에 장사 밑천을 강제로 빼앗긴 것도 모자라 나라마저 잃었으니 그 슬픔이 오죽했을까. 하지만 회동서관은 광학서포와 달리 재기에 성공했다.

1920년대로 들어서면서 회동서관은 각종 서적의 판매처로 확고한 기반을 다져 나간다. 자본금 지표로 서점의 자금력을 가늠해 볼 수 있는데, 1922년 발행된 『조선인회사·대상점사전』에는 회동서관의 자본금이 무려 15만 원에 달한다고 기록되어 있다. 그해에 쌀 한 가마가 15원 내외였으니, 쌀 1만여 가마를 살 수 있는 돈이다.

고유상은 1920년 6월에 서적 출판과 도매 유통을 위해 여러 서점들이 출자하여 설립한 조선도서주식회사의 이사로 취임해 식민지 조선의 출판산업을 이끌었다. 또한 일본 출판사와 서점을 시찰한 뒤 돌아와서 국내 최초로 책을 제작하고 판매하는 대형 경영 체제를 구축했다.[6] 큰 동생 고언상에게 계문사라는 인쇄소의 운영을 맡기고, 맏아들 고병교에게는 대구에 회동서관 지점을 꾸리게 한 것이다.[7] 이처럼 회동서관은 출판과 유통 분야에서 모두 성공적으로 사세를 확장했다.

회동서관의 출판 목록에서는 '조선학'에 대한 관심이 눈에 들어온다. 이곳에서 펴낸 『일사유사逸士遺事』와 『조선유교연원朝鮮儒教淵源』은 대한제국 시기 계몽운동가이자 언론인으로 활약한 장지연

1920년대 중반 전국 주요 상점을 지역별로 소개한 카탈로그 『조선인회사·대상 점사전』에 실린 고유상의 사진. 그리고 1913년에 개축하여 새 단장을 한, 1915년 경의 회동서관 전경. 서점 앞을 지키는 헌병이 한눈에 들어온다.

의 저서다. 『일사유사』는 조선 시대에 신분의 한계로 타고난 재주를 충분히 펼치지 못한 인물들의 전기 모음집이다. 한마디로 조선의 숨은 고수에 관한 이야기책이다. 그리고 『조선유교연원』은 처음으로 유학을 하나의 학문으로 접근한 학술서일 것이다. 이 외에도 불교의 근대화를 주장한 한용운의 『조선불교유신론』, 조선의 역사와 문화를 체계적으로 서술한 안확의 『조선문법』과 『조선문명사』 등이 회동서관의 손을 거쳐 세상에 나온다.

퍼플오션의 개척자, 광익서관

광익서관은 1917년 무렵 고유상의 동생 고경상이 경성의 종로에서 문을 열었는데, 회동서관에 비해 잘 알려지지 않은 근대 초기의 출판서점이다. 이곳에서는 일본 유학생 잡지를 도맡아 펴낸 점이 돋보인다. 1919~20년 무렵에는 일본 유학생들이 만든 잡지와 동인지가 폭발적으로 늘어나는데, 광익서관이 이를 만들고 유통까지 책임진 것이다.

이를테면 광익서관은 일본 유학생 단체인 학우회의 기관지《학지광》, 김동인과 주요한 등이 만든 우리 나라 최초의 문학 동인지《창조》, 홍난파가 도쿄음악대학에 다니던 시절 만든 우리 나라 최초의 예술 전문지《삼광》, 도쿄의 여성 유학생들이 모여 만든《여자시론》등을 펴내는 데 적극적으로 관여했다. 훗날 김동인은 "고경상의 공로는 조선 문학이 생명을 유지하는 동안은 잊어서는 안될 것이다. 고경상은 문학인은 아니다. 그러나 그가 문학 건설에 바친 힘과 희생정신은 조선 문학이 감사히 여기어야 할 것이다"라고 했을 정도다.[8] 광익서관이 한국 근대문학의 형성과 발달에 중요한 역할을 했다고 평한 것이다.

그런데 고경상은 왜 막대한 자금을 들이면서까지 돈이 되지 않는 유학생 잡지를 제작했던 것일까. 짐작건대 고경상은 당시 최고의 집단 지성인 일본 유학생들과 친분을 맺어 미래의 저자군을 발굴하려 했던 것 같다. 실제로 광익서관이 펴낸 한국 최초의 번역 시집 『오뇌의 무도』와 여러 가곡의 악보와 가사를 엮은 『광익창가집』은 모두 일본 유학생 출신들의 작품이다. 이처럼 고경상은 저자 발굴을 위해 투자를 마다하지 않으면서 책을 펴낸 인물이었다.

이와 더불어 광익서관은 출판문화의 퍼플오션을 개척했다. 다른 출판사의 책 판권을 사들인 뒤 재판을 발행함으로써 비교적 저렴하면서도 위험 부담이 적은 방식으로 출판을 했던 것이다. 실례로 광익서관은 1910년대의 대표적인 출판사인 신문관에서 이광수의 『무정』과 방신영의 『조선요리제법』 등의 판권을 사들였다. 이들 책의 재판본 판권지에는 발행처가 광익서관으로 표기되어 있다.[9]

그밖에 광익서관이 문화 행사를 보조한 것도 눈에 들어온다. 1920년 5월 15일에는 폐허사가 주최한 야나기 가네코의 성악 연주회를 후원했는데,[10] 야나기 가네코는 일본의 미술사 연구자로 조선의 도예에 무척이나 애정을 보였던 야나기 무네요시의 아내였다. 또한 러시아의 블라디보스토크에서 고국을 찾아온 조선학생음악단의 연주회와 조선불교회가 주최한 문예 강연회의 입장권을 판매하기도 했다.[11]

하지만 광익서관은 초기 투자를 회수할 만한 시간을 벌지 못했다. 결국 운영난으로 문을 닫았으며, 고경상은 한동안 중국을 방랑했다. 1930년경 귀국한 그는 자신이 데리고 있던 점원이 운영하는 서점의 점원으로 일하다가 이후 삼문사라는 출판사를 차려 재기를 도모했다.

장사 수완의 강자, 박문서관

근대 서점의 출판 활동은 운동 차원에서도 이루어졌지만, 상업적 이익을 추구한 경우가 훨씬 많았다. 이를 가장 잘 보여주는 곳이 박문서관이다. 창업주 노익형은 어릴 적부터 경성의 육의전과 객주 등에서 일하며 장사에 잔뼈가 굵은 인물이었다. 그는 20대 중반에 독립하여 박문서관을 설립하고 서점과 출판 사업에 뛰어든다. 이때가 1907년이었다.

초창기의 박문서관은 시대 분위기에 맞추어 계몽 서적을 중점적으로 출간했다. 그러다가 강제병합 이후 일제의 압수와 발매금지 조치로 경영난을 겪게 되자 딱지본 소설을 비롯한 소설 출판에 매진한다. 딱지본이란 표지가 딱지처럼 울긋불긋하게 인쇄된 책을 말한다. 물리적 외형 때문에 이런 이름이 붙었는데, 값싸고 휴대가 편해서 대중적 출판물로 각광받았다. 박문서관은 1911년부터 1929년까지 약 86종의 딱지본 소설을 간행한 것으로 알려져 있다.

딱지본 소설들. 표지가 딱지처럼 울긋불긋하다고 해서 딱지본이라 불리며, 발랄한 표지에다가 값싸고 휴대가 편해서 대중에게 큰 인기를 얻었다.

박문서관은 식민지 조선에서 제일 승승장구한 출판서점이었다. 박문서관이 주력한 딱지본 소설은 근대식 인쇄 기술을 바탕으로 제작되었지만, 절반 이상 고소설을 펴냈다. 그야말로 조선 후기 방각본 소설의 후예인 셈이다. 출판사 입장에서 고소설은 가성비가 좋은 상품이었다. 저작권 비용이 들지 않아 경제적 부담이 적을뿐더러 일제의 검열을 통과하는 것도 상대적으로 쉬웠기 때문이다. 무엇보다 대중에게 여전히 큰 인기를 끌고 있었다.

이 서점(박문서관)의 조사 통계에 나타난 바를 보면 사전류가 그중 많이 팔리는데 『선화사전鮮和事典』이 1000부를 돌파하여 고소설이나 신소설 등을 제하고는 판매 성적으로 수위를 점령하고 있다. 그러나 역시 고소설이 가장 많이 나가는데(대부분이 지방 주문인 것을 보면 조선의 농부녀農婦女나 일반 가정에서는 아직도 이런

류의 책들을 많이들 읽는 모양이다). 그중에서 『충렬전』, 『춘향전』, 『심청전』 등은 3만 내지 4만 부를 돌파하고 있으며, 그다음으로 『추월색』, 『송죽』, 『미인의 도』, 『능라도』, 『춘몽』 등의 신소설이 대개 1만 부를 넘기고 있다.[12]

1935년 《삼천리》의 취재에 따르면, 농촌을 중심으로 『충렬전』, 『춘향전』, 『심청전』 등의 고소설이 가장 많이 팔렸다고 한다. 3만 내지 4만 부가 팔렸다고 하니 출판시장에서 고소설이 차지하는 비중이 상당했음을 짐작할 수 있다. 노익형은 이들 세 권의 고소설을 '농촌의 교과서'라고 불렀을 정도다.[13] 특히 농한기에는 서점에서 매일 200~300권씩 판매될 정도로 딱지본이 큰 인기를 끌었다. 그래서 박문서관 외에 신구서림, 동양서원, 유일서관, 보급서관, 회동서관, 대창서원, 영창서관 등의 출판서점에서도 딱지본 출판에 큰 관심을 보였다.

노익형은 1924년에 지송욱의 신구서림을 인수한 뒤 동생인 노익환에게 경영을 맡기면서 사세를 확장한다. 또한 1931년 6월에는 대동인쇄사를 인수하여 설비를 최신식으로 바꾸면서 출판, 인쇄, 유통을 겸비한 기업으로 발돋움한다. 1000여 권의 소설 판권을 보유한 박문서관은 책을 직접 인쇄해 출판함으로써 제작비를 절감해 상당한 이익을 거둘 수 있었다. 이를 바탕으로 1930년대 중반에 이르면 박문서관은 식민지 조선의 출판서점 가운데 최고의 매상을 기록한다. 연 매출액이 무려 16만 원이나 되었다.《삼천리》에서는 노익형을 식민지 조선의 출판업계를 대표하는 신흥 자본가로 소개할 정도였다.

출판사로서 박문서관의 상업적 성공은 다각도로 분석해볼 필요가 있다. 우선 일제의 출판 통제를 피하는 가운데 대중의 욕구를 재빨리 파악했고, 콘텐츠의 개발 속도도 늦추지 않았다. 소설과 실용서 출판에 주력하면서 운신의 폭을 넓힌 것이다. 또한 세계 유명 작가들의 작품을 번역해 펴냄으로써 지식층의 문학적 요구에 부응했고, 식민지 조선에서 인기를 끈 작가들의 책을 출판함으로써 출판시장에서의 주도권도 뺏기지 않았다. 이광수, 김동인, 박종화, 이태준, 나도향, 염상섭 등의 작품집을 지속적으로 기획·출간하여 문학에 대한 대중의 관심과 흥미를 충족해주었던 것이다.

1938~39년에 간행한 '현대걸작장편소설전집'은 박문서관에 큰 수익을 가져온 기획물이다. 이는 노익형의 아들 노성석이 막대한 자본을 투입하여 공격적으로 추진한 사업이었다. 이광수의 『사랑』, 김동인『잔촉』, 염상섭의『이심』, 현진건의『적도』, 박종화의『금삼의 피』, 김기진의『해조음』, 나도향의『어머니』, 한용운의『박명』등으로 구성된 현대걸작장편소설전집은 식민지 시기 문학의 대중화를 이끌었다. 이후에는 역사소설이 인기를 끌던 당시의 흐름을 포착해 '신찬역사소설전집'을 기획했다. 신문에 연재되는

《조선일보》 1939년 1월 11일자에 실린 박문서관(왼쪽)과 대동인쇄소(오른쪽)의 모습. 박문서관은 사세를 확장해 대동인쇄소를 인수했는데, 그 덕분에 도서 제작비가 절감되어 상당한 수익을 거둘 수 있었다.

역사소설의 인기를 단행본으로 흡수하여 책 판매를 극대화한 것이다. 이를 두고 《삼천리》는 "문학 전집 전쟁"이라며 출판계의 문학 전집 출간 붐을 전했다.

《조선일보》 1939년 1월 11일자에는 창업 33주년을 맞은 박문서관, 그리고 이 출판서점의 전속 인쇄소로 130여 명의 직원이 근무한 대동인쇄소의 사진이 실려 있다.[14] 박문서관의 사진을 유심히 살펴보면 건물의 1층 간판 중앙에 '박'이라는 회사 로고가 있다. 그 아래에 3단짜리 현수막이 걸려 있는데, 명확히 보이진 않지만 가운데 현수막의 큰 글자들은 눈에 들어온다. '현대걸작장편소설전집'이다. 아니나 다를까. 2층에 세로로 걸린 작은 현수막에는 대부분 현대걸작장편소설전집에 수록된 작품 제목이 적혀 있

서점의 시대

다. 오른쪽부터 순서대로 『천변풍경』, 『사랑』, 『금삼의 피』, 『해조음』이다. 나란히 걸린 현수막들은 이곳을 오가는 이들의 관심을 끌어 발걸음을 멈추게 했을 것이다.

한편 박문서관의 또 다른 기획 출판물인 '박문문고'는 근대 서적의 대중화를 선도하며 새로운 출판문화를 형성하는 데 영향을 미쳤다.[15] 당시 영국에서 페이퍼백을 펴내며 선풍적 인기를 끈 펭귄북스나 펠리컨북스처럼 당대의 교양을 다루며 사람들에게 쉽게 다가갈 수 있는 문고본을 기획한 것으로 보인다.

그렇다면 서점으로서의 박문서관은 어땠을까. 우선 종로 야시장에 나가 딱지본 소설을 판매했다는 기록이 눈에 띈다. 종로 야시장은 경성의 명물이었고, 딱지본 소설은 이 시장의 주요 상품 중 하나였다. 그러니 딱지본 소설을 주력해서 펴낸 박문서관으로서는 종로 야시장이 탐나는 판매처였을 것이다. 또한 박문서관은 대동인쇄소를 인수한 뒤 매달 카탈로그를 발행하며 통신판매를 개시한다. 카탈로그에 소개된 책을 서점에 주문한 뒤 돈을 입금하면 그 책을 배송해주는 방식이다. 노익형이 "나의 서점에서는 약 7할까지나" 된다고 할 정도로 통신판매는 큰 수익을 창출했다.[16] 이는 교통·통신·금융 시스템이 발달했기에 가능한 일이었다.

《매일신보》 1936년 5월 14일자에 실린 박문서관의 내부를 보여준다. 천장이 닿도록 두 벽면에 가득 꽂힌 책들이 인상적이다. 사진의 왼쪽 서가에는 책들을 뉘여놓았는데, 아마도 『춘향전』,

《매일신보》1936년 5월 14일자에 실린 박문서관의 모습. 서점으로서의 박문서관을 보여주는 사진으로, 근대 서점의 내부를 엿볼 수 있는 몇 안 되는 시각 자료다.

『심청전』, 『옥루몽』 같은 고소설일 것이다. 노익형이 한 기자와 인터뷰하는 중에 고소설 책들이 "아직도 있다는 듯이 손을 들어" 가리킨 서가가 아니었을까 싶다. 중앙 유리 진열장에는 신간이나 귀중본을 전시했을 가능성이 크다. 박문서관이 취급하는 잡지 중에서 가장 많이 팔린 것은 《조광》과 《삼천리》였다. 일본 잡지의 경우 보육에 관한 내용을 그림으로 담은 《킨더북キンダーブック》과 대중오락 잡지인 《킹キング》이 제일 많이 나갔다. 박문서관은 매장에 일본 잡지를 내어놓지 않고 있다가 손님이 찾으면 그때야 꺼내놓았다고 한다. 이 사진은 근대 서점의 내부 풍경을 엿볼 수 있는 소중한 시각 자료이다.

서점의 시대

3장

불온한 사상의 거처

지식의 시대적 한계에 도전하면서 기존의 인식 틀을 깨트리려는 목소리는 시대와 나라를 막론하고 늘 존재해왔다. 권력자들은 불만과 저항의 목소리를 침묵시키기 위해, 때로는 사전에 차단하고자 '금서'라는 낙인을 만들었다. 책의 간행과 유통뿐만 아니라 소장마저 권력의 눈치를 봐야 하는 경우가 비일비재했다. 이런 일이 생길 때마다 서점은 큰 곤란을 겪었다. 금서는 책이니, 감시와 탄압의 초점이 서점에 모일 수밖에 없었던 것이다. 이런 측면에서 본다면 서점은 새로운 생각과 관점을 이야기하는 목소리와 이들을 억압하는 기득권 사이에서 문화투쟁이 벌어지는 장이었다. 억압의 시대에 새로운 세상을 꿈꾸는 이들은 이 투쟁에 함께하기 위해 서점으로 모여들었다.

근대 최초의 압수 서적, 『금수회의록』

각 서포에 소유한 금수회의록이라는 책자를 일일 수탐이거搜探以去(찾아가서 조사)하였는데 서적계의 압수함은 초유라더라.[1]

1908년 2월 황성서적업조합에서 발행한 『금수회의록』은 대한제국 시기의 대표적인 우화 소설이다. 까마귀, 여우, 개구리, 벌, 게, 파리, 호랑이, 원앙새라는 여덟 동물의 입을 빌려 사회와 정치를 풍자한 이 작품은 제국주의의 침략성을 폭로하고 열강에 부화뇌동하는 매국노를 비판하는 내용을 담았다. 권력은 이를 불편하게 여겼고, 1908년 7월 16일 경시청은 『금수회의록』을 판매하는 서점들을 불시에 덮쳐 이 책을 압수했다. 한국 근현대 출판 역사상 처음으로 발생한 서적 압수 사건이었다. 일반적으로 『금수회의록』은 '1909년 5월'에 발매 및 반포가 금지된 것으로 알려져 있지만,[2] 실제 책에 대한 탄압은 그보다 더 일찍 이루어진 것이다. 《황성신문》은 이 사건을 "문자의 위기文字之危"라는 인상적인 제목을 붙여 보도하였다.

『금수회의록』 판권지에는 책의 판매처로 여섯 군데 서점이 나온다. 중앙서관, 회동서관, 신구서림, 대동서시, 고금서해관, 박문서관이 그곳이다. 나중에는 박학서관과 광학서포가 추가되었다.[3] 서울에서는 대략 여덟에서 열 군데 서점에서 이 책을 판매한 것으

대한제국 시기의 대표적인 우화소설 『금수회의록』의 표지와 판권지. 한국 근현대 출판 사상 처음으로 국가권력에 의해 압수된 서적으로, 이 판권지에는 중앙서관, 회동서관, 신구서림, 대동서시, 고금서해관, 박문서관이 판매처로 명기되어 있다.

로 보인다.

출판물 압수는 당시로선 이례적인 일이었다. 언론 매체에 대한 검열과 통제는 있었지만, 출판물 통제는 처음이었던 것이다. 게다가 경시청의 『금수회의록』 압수는 합법적 근거 없이 이루어졌기에 문제적이었다. 아마도 이 사건은 출판법의 필요성을 부각하기 위해 일제가 벌인 일종의 정치적 행위로 추정된다.[4] 이 사건 이후 사전 검열을 거친 뒤에 발행을 허가하는 출판법을 제정해야 한다는 논의가 시작되었을 뿐더러 이듬해(1909) 2월 말에 법안이 통과 및 반포되었기 때문이다.

출판법이 만들어진 후인 1909년 5월 6일에는 금서의 종 수가 늘었다. 『동국사략』, 『유년필독』, 『20세기조선론』, 『월남망국사』

등도 압수 대상이 된 것이다.[5] 이 책들은 당대의 베스트셀러였다. 이를테면 『동국사략』과 『유년필독』은 대한제국 시기의 대표적인 교과서였다. 경시청은 이제 출판법에 의거해 "순사를 각 서포에 파송하여 (책에 대한) 압수"를 시행했다. 이때 『금수회의록』도 다른 책들과 함께 금서로 묶였다. 금서의 종 수가 늘어난 만큼 압수 조치를 당한 서점 수도 증가했다.

경시청은 각 서점에서 3700여 권의 책을 압수한 뒤 소각할 계획을 세웠다.[6] 결국 이들 책을 전부 불태워 없앴는데, 이 사건은 일종의 전초전이었다. 출판법 제정 이후 문집과 족보 등도 출판 허가를 받아야만 펴낼 수 있었고, 교과서 출판은 더더욱 어려워졌다. 출판법을 중심으로 한 출판물 통제는 이 시기부터 일제강점기까지 이어진다.

폭압 속에서 꽃핀 좌익서점

강제병합 이후 일제는 50종이 넘는 책을 발매금지하면서 압수를 강행했다. 이후로 금서 처분은 줄곧 끊이질 않았는데, 다만 1920년대 전반에 다이쇼 데모크라시(일본에서 일어난 민주주의적·자유주의적 개혁을 요구한 운동)의 영향으로 마르크스와 레닌을 비롯해 노동문제 등에 관한 책을 읽는 게 허용되었다. 그러나 1927년 무렵부터는 사상서적에 대한 단속이 다시금 강화된다. 일본, 중국, 러시아 등지에서 '불온한 책'들이 식민지 조선으로 몰려 들어왔기 때문이다.

1930년대는 만주사변(1931)과 중일전쟁(1937), 그리고 태평양 전쟁(1941)을 거치면서 사상 통제가 강화되는 시기였다. 일제는 검열 기준을 높여 출판물을 적극 탄압하기 시작한다. 1930년 2월 경 함북 무산의 삼장경찰서가 경무국 도서과의 허가를 받은 책임에도 『무산계급의 역사적 사명』과 『맑스경제학』을 압수한 사건은 일제의 사상 통제를 징후적으로 보여준다.[7] 통제가 강해진 만큼 반발도 거세졌다. 식민지 조선에서는 연이어 비밀결사 사건이 터지면서 반제운동이 최고조에 달했다. 바야흐로 1930년대는 비밀결사의 시대였다.

이러한 시대 상황과 맞물리면서 좌익서점이 등장한다. 이때 언론 보도로 처음 알려진 좌익서점은 민중서원이다. 경성의 안동네 거리(지금의 관훈동)에 위치한 민중서원은 "사회과학서류를 많이 취급하기로 유명"한 서점이었다.[8] 자료의 한계로 구체적 내용은 알 수 없지만, 민중서원은 혁명가들의 네트워크와 긴밀하게 조응했던 것 같다. 실례로 1930년에 김태욱이라는 혁명가가 민중서원에서 다른 혁명가들과 만나 평북 용천의 소작쟁의를 지원하는 활동을 논의했다. 하지만 이곳에서 비밀리에 추진되던 계획은 일제의 감시망에 걸려들면서 좌절을 겪게 된다.[9]

《조선일보》 1930년 9월 9일자에 게재된 민중서원의 모습. 경성의 안동네거리에 있던 서점으로 사회과학 서적을 많이 취급한 것으로 유명했는데, 혁명가들이 이곳을 드나들며 운동을 논의하기도 했다.

혁명가 가운데 직접 좌익서점을 운영한 이도 있다. 일본 유학 중 사회주의사상을 받아들이고 혁명가의 길에 들어선 장일환(장 적파)은 경성 경운동에서 신생각서점을 운영했다. 하지만 그는 일본과 대만 등지에서 사상서적을 몰래 사들여 판매한 혐의로 검거되고 만다. 일제가 경신학교 동맹휴학의 주모자들을 취조하던 중 많은 사상서적을 발견한 것이 사건의 발단이었다. 그 책들을 신생각서점에서 판매한 것으로 판단하고 압수수색을 벌인 것이다. 당시 보도에 따르면, 1931년 9월 사회주의 활동가와 서점 관계자들이 신생각서점에 모여 비밀리에 사상서적을 읽으면서 조선공산당재건준비위원회를 조직했다고 한다.[10]

다음 해인 1932년 3월 16일에는 경성에서 서점 세 곳의 운영자가 각각 체포되는 일이 벌어졌다. 민중서원의 윤종덕, 동광서점의 이정래, 그리고 신흥서점의 박하균이었다. 이들의 혐의는 신생 각서점의 장일환과 마찬가지로 금서 판매였다. 조선총독부에서 간행한 비밀 보고서인 《사상월보》를 살펴보면 당시 금서를 둘러싼 식민 권력과 좌익서점 간의 알력을 엿볼 수 있다. 여기에는 세 서점의 판매 도서 목록도 첨부되어 있는데, 『근대조선정치사』, 『공산당선언』, 『일본무산청년운동』, 『사회주의 연설의 승리적 약진』, 『국가와 혁명』, 『사회주의 입문』, 『조직론』 등 마르크스주의와 볼셰비즘에 관한 책을 주로 판매했다. 이정래가 운영한 동광서점에서는 일본 공산당의 기관지 《아카하타赤旗》를 취급하기도 했다.[11]

이후에도 서점을 향한 권력의 시선은 의심과 감시로 점철되었다. 1932년 5월에는 강릉의 무산자서점이 경찰의 압수수색 끝에 강제로 문을 닫고 만다.[12] 창업자 강덕선은 1929년 강릉농업학교에 입학한 뒤 광주학생운동을 계기로 동맹휴업을 주도하여 퇴학을 당한 활동가였다. 이후 그는 경성고학당을 다니다가 고향으로 돌아와 무산자서점을 운영하면서 사회주의사상을 확산하고 세력을 규합했다. 그러다가 노동절을 맞아 강릉 시내의 전신주와 벽 등에 격문을 붙인 배후 중 하나로 지목되면서 무산자서점이 경찰의 강제폐쇄 명령을 받은 것이다.

1933년 5월 평양에서는 판매금지 처분을 받은 수백여 책이 불태워지는 사건이 벌어졌다. 이때는 평양의 각 서점들이 일본에서 좌익서적을 수입한 탓에 경찰들이 "눈을 붉혀 가지고" 수색을 했다.[13] 그 결과 평양경찰서는 5월 20~21일에 판매금지 중인 좌익서적 수백여 권을 압수할 수 있었다. 그해 8월 8~9일에도 평양경찰서는 대대적인 수사를 펼쳐 다수의 좌익서적, 그리고 풍기문란의 이유로 판매금지 중인 '에로서적'을 압수했다. 이때 평양경찰서 고등계실은 "돌연히 서점으로 변한 듯 압수한 서적으로 산을" 이루었다고 한다.[14] 이 책들은 결국 대동강변에서 불태워졌는데, 이를 두고 언론은 "진시황이나 히틀러를 뺨칠" 분서라고 비판했다.[15] 분서 조치는 이후로도 이어졌다. 1934년 5월과 1935년 7월에도 평양경찰서는 압수한 좌익서적을 대동강으로 옮긴 뒤 불살랐다. 이때 불타 없어진 책은 무려 4만 권을 넘는 것으로 추정된다.

평양경찰서의 분서 조치는 1933년 5월 10일에 일어난 베를린 분서 사건의 자극을 받은 것이었다. 당시 독일은 히틀러가 이끄는 나치의 통치를 받고 있었다. 이에 동조한 독일대학생연합은 '비독일적 정신'에 맞선다며 도서관과 서점에서 책을 약탈하다시피 했다. 분서 사건이 일어난 당일에는 베를린 대광장에서 2만 5000여 권의 책이 불 속에 던져졌다. 이때 불타 없어진 책들은 사서 볼프강 헤르만이 작성한 '블랙리스트'에 의거해 모은 것이었다.[16] 광장에 모인 이들은 마르크스, 카우츠키, 프로이트 등 유대인 학자의 책들을 불에 바쳤다. 이 분서 사건은 식민지 조선에도 신문 보도를 통해 알려졌다.

그렇다면 권력의 시선은 왜 서점으로 향했던 것일까. 당시의 서점은 불온한 사상의 거처였다. 굳이 좌익서점이 아니더라도 그러했다. 이를테면 대구사범학교 학생들이 만든 비밀독서회는 무영당서점에서 일본의 사상서적을 구입했다.[17] 이근무가 운영한 무영당서점은 대구의 대표적인 조선인 운영 서점이었는데, 1937년에 4층짜리 백화점으로 바뀐 매우 특이한 곳이다. 이처럼 상업적 지향이 강한 서점에서도 일본의 사상서적을 구하는 게 쉬웠다. 마찬가지로 강원도 춘천의 학생들이 조직한 비밀독서회 상록회는 북성당서점에서 한글소설을 구해 읽으면서 일제의 황민화정책에 반하는 모임을 이어 나갔다.

식민지 조선에 반전사상을 심어준 『서부전선 이상 없다』의 경우, 독일에서는 출간 당시 금서였으나 조선에서는 길을 걷다가 마주친 서점에서 어렵지 않게 구할 수 있는 책이었다. 이러한 사실은 소설가 박태원의 작품에서도 드러난다.

"어디 잠깐 들어가세."

조는 한 책사 안으로 들어갔다. 벌려 놓인 책들을 두리번 둘러보더니 『서부전선 이상 없다』를 집어들고 준호를 돌아보았다.

"이게 요새 유행인가 보더군."

"유행이라? 하하."

"하여튼 많이들 읽는 모양 아니야?"

"그는 그렇지."

조는 점원이 서 있는 곳으로 갔다.

"얼마요?"

"고맙습니다. 네, 70전입니다."

"50전만 합시다."

"그렇게는 안 됩니다. 이 책은 잘 팔리니깐 어디서든 70전 덜 주고는 못 사실 것입니다. 정가는 1원 50전이나 하지 않습니까."

"누가 정가를 모른댔나. 하여튼 70전은 비싸니 50전만 합시다."

"안 됩니다."

"그럼, 내가 다 읽고 나서 거저 갖다줄 테니 50전만 합시다. 헌책 하나 며칠 세 주고 50전이면 땡 아니야?"

"헤헤. 그렇게 할 순 없습니다."

"꼭 나는 50전에 살 작정인데······."

"글쎄요. 그렇게까지 말씀하시는 것은 미안합니다마는, 이 책에 한해서는 에누리할 수 없습니다."

조는 점원의 얼굴을 잠깐 바라보다가

"그래도 나는 꼭 50전에 사고 말걸. 그 대신 당신 서점을 위해서 따로 20전은 기부를 하기로 하지."

"헤헤헤헤. 결국 마찬가지 아닙니까?"

조는 책을 사 가지고 나왔다.[18]

서점의 시대

《동아일보》 1933년 8월 3일자에 게재된 「반년간」 52화의 삽화. 박태원이 도쿄 유학 시절을 소재로 쓴 중편소설로 직접 신문 연재 삽화를 그렸다.

이는 박태원이 쓴 중편소설 「반년간」에 등장하는 한 장면이다. 막무가내로 책값을 할인해달라는 진상 손님을 상대하는 서점 직원의 고충이 느껴지면서도, 반전문학인 『서부전선 이상 없다』가 당시에 얼마나 큰 인기를 끌었는지를 엿볼 수 있는 대목이다. 우리에게 박태원은 『소설가 구보씨의 일일』(1934)이라는 작품을 통해 식민지 지식인의 심리를 독특하게 그린 실험적 소설가로 알려져 있다. 1930년대 문화계의 핵심 인물인 그가 《동아일보》에 연재하며 삽화까지 그린 「반년간」은 본인의 도쿄 유학 시절을 소재로 삼은 작품이다.

일제강점기에 고서점에서는 금서를 몰래 감추어놓고 필요한 이들에게 슬쩍 소개하곤 했다. 신영복의 옥중 스승으로 유명한 노촌 이구영은 경성 적선동의 유길서점을 방문할 때면 주인이 뒤편으로 불러 좌익서적들을 소개하거나 추천해주었다고 한다.[19] 해방 이후 시인으로 활동한 조애실은 안국동 고서점에서 민족의식을 담은 잡지 《학해學海》를 구해 읽고 비밀독서회를 만든 경험을 회고한 바 있다.[20] 이처럼 체제에 질문을 던지고 틈새를 만드는 불온한 사상은 서점에서 시작되었다 해도 과언이 아니다.

해방과 함께 펼쳐진 노점책방의 시대

식민지 해방은 곧 책의 해방이기도 했다. 사상의 자유를 옥죄던 출판법의 폐지로 출판의 자유가 주어졌기 때문이다. 그런데 해방 전후로 출판유통 시스템은 와해되어 있었다. 제2차 세계대전이 막바지로 치달아가면서 서적 공급이 제대로 이루어지지 않아 대부분의 서점이 고사한 탓이다. 그럼에도 해방공간은 "발간되는 서적마다 곧 독자 손으로 넘어가던", 즉 책의 수요가 폭발적으로 증가한 시대였다.

해방이라는 상황에 맞물려 이 시기에만 볼 수 있는 일이 서점에서도 벌어졌다. 당시에는 일본인이 남긴 공장 등을 조선인이 접수하여 주체적으로 관리하려는 자주관리운동이 일어났다. 이에 일제강점기의 대표적인 일본인 서점 중 하나인 마루젠丸善의 조선인 직원들도 동참하고자 했다. 이들은 보증금을 내고 정식으로 서점

미군 사진병이 촬영한 해방공간의 노점책방. 지붕 아래에 『상록수』, 『조선교육
사』, 『문장강화』, 『임꺽정』, 《신천지》 등의 단행본과 잡지 이름이 걸려 있다.

관리 수속을 밟았다. 그런데 돌연 조선실업공사(전 종연방직주식회
사)가 그 건물을 사용하겠다며 비워달라고 요구하면서 양자 간에
갈등이 촉발한 것이다.[21]

해방공간에서는 책에 대한 수요가 늘어난 만큼 출판사 수도 비
약적으로 증가했다. 1945년 말에 등록된 출판사는 45개에 불과했
는데, 1948년 말에 이르러서는 792개로 급증한 것이다. 이는 곧
출판물의 폭발적인 증가로 이어졌다.[22] 문제는 출판사들이 경쟁
적으로 쏟아낸 책들을 팔 곳이 마땅치 않다는 데 있었다. 그러다
보니 길거리 좌판에서 책을 판매하는 경우가 많았다. 노점책방 전
성시대가 열린 것이다. 이 시기에는 사륙판 크기의 팸플릿들이 우
후죽순 제작되었는데, 이들이 노점에서 2~3원 정도의 싼 가격에

불티나게 팔렸다. 쌀 한 말 가격이 6~7원 정도일 때였다.

63쪽 사진은 1948년 5월 12일에 미군 사진병이 광주의 노점책
방을 촬영한 것으로, 해방공간의 노점책방을 선명하게 담은 시각
자료다. 사진 왼쪽의 현판에는 '전남서적주식회사 제8판매소'라
는 글씨가 새겨져 있다. 지붕 아래에는 『상록수』, 『조선교육사』,
『문장강화』, 『임꺽정』, 《신천지》 등의 단행본과 잡지 이름이 여러
개 걸렸다. 전남서적주식회사는 광주 충장로3가에 있던 서점인
데, 아쉽게도 운영 주체와 운영 형태 등이 알려진 게 없다. 다만
사진 속 서점이 '제8판매소'인 걸로 봐서는 '전남서적주식회사
제○판매소'라는 이름으로 장사에 나선 노점책방이 해방공간의
광주에 다수 존재하지 않았나 싶다.

해방공간은 "공산주의 팸플릿이 홍수처럼 범람했던" 시절이었
다.[23] 그런 만큼 노점책방에서도 주로 좌익 팸플릿을 판매했다. 대
한민국 헌법의 기초를 마련한 법학자 유진오는 노점책방 주인을
가리켜 "사상을 팔려는 사람"이라 평하기도 했다. 그의 회고에 따
르면, 한 노점책방 앞에는 '영국 공산당 글래스고우 시당부市黨部'
라는 말이 적힌 판지가 매달려 있고 옆 길바닥에 울긋불긋한 팸플
릿 쪼가리들이 널려 있었다. 팸플릿 표지에는 마르크스, 레닌, 스
탈린 등의 얼굴이 시꺼멓게 그려 있었다.[24] 대구에서 노점책방을
열었던 김원대도 다음과 같은 회고를 남겼다.

우선 생활의 방편으로 대구역 앞에서 신문을 팔아봤습니다. 조그마한 탁자 하나에《동아일보》같은 신문 서너 가지를 벌여놨는데, 예상대로 아주 잘 팔렸습니다. (……) 그때 한창 좌익 계통의 팸플릿이 많이 나올 때여서 연말에는 그런 것들도 팔았는데, 어쨌든 우리말로 된 출판물은 가져다 놓기가 무섭게 팔려 나갑디다.[25]

　대구역 앞에 좌판을 깐 김원대가 제일 많이 판 책은『맞춤법통일안』이었다. 이 책은 1933년에 조선어학회가 제정·공표한 한글 맞춤법을 담은 프린트물에 가까웠다. 그는『맞춤법통일안』을 2만 부 이상 팔아 6만 원의 사업 자금을 마련한 뒤 계몽사라는 서점을 차렸다. 개업 후 서울과 대구를 오가며 책 장사에 열정을 바쳤으며, 얼마 지나지 않아 안동, 포항, 밀양 등지에 책을 공급하는 서적 도매업에 뛰어들었다. 그리고 1948년 9월에 이설주의 시집『방랑기』를 출간하며 출판으로까지 사업을 확장했다. 영남 일대의 서점으로 자리를 굳힌 계몽사는 서울 종로에 사무실을 마련하고『한글사전』과『최신 콘사이스 영한사전』등을 펴내며 출판사로서의 입지를 다졌다. 이후『세계 소년소녀 문학전집』,『어린이 세계의 명작』,『디즈니 그림 명작』등을 선보이며 계몽사는 아동도서의 대명사로 불리게 된다.
　한편 해방공간의 이념 대립으로 인한 여파는 서점도 피해갈 수 없었다. 예를 들어 이 시기의 대표적인 좌익서점인 우리서원

조선정판사 위조지폐 사건으로 이관술이 체포된 사건을 보도한 《한성일보》 1946년 7월 9일자 기사. 그는 두 달간 수배 생활을 하면서도 일주일에 한두 번씩 해방서점에 들러 장부를 살피고 사회과학 책들을 챙겨갔다고 한다.

은 1949년 6월 16일에 정체를 알 수 없는 청년들의 습격을 받았다.[26] 이곳에서는 조선좌익서적출판협의회에 소속된 출판사들이 펴낸 책을 판매했는데, 구체적으로는 동무사, 해방사, 노농사 등이 간행한 『현정세와 우리의 임무』, 『공산주의원칙』, 『소련의 헌법』, 『소련 노동자·농민의 생활』, 『스트라이크 지도의 일반적원칙』, 『계급투쟁 팜프렛트』 등의 책을 취급했다.[27] 이와 더불어 우리서원은 조선공산당의 기관지인 《해방일보》의 판매처를 모집하는 광고를 꾸준히 신문에 게재했다. 우리서원이 있던 건물에는 조선좌익서적출판협의회 사무실이 있었고, 이곳은 조선공산당의 아지트 중 하나였다. 좌익 세력이 모여드는 주요한 공간에 우리서원이 있었던 것이다.

1946년 5월, 미군정은 조선공산당원이 위조지폐를 만들어 시중에 유통했다는 내용을 발표한다. 소위 조선정판사 위조지폐 사

서점의 시대

건이다. 식민지 조선의 혁명가로 오랫동안 활동한 이관술이 사건의 주요 용의자로 떠오르는데, 그는 동거하던 박선숙의 미장원 아래에 직접 차린 해방서점을 나서다가 검거되고 만다. 사실 이관술은 이 사건으로 수배가 떨어진 이후에도 일주일에 한두 차례 서점에 들러 장부를 살피고 사회과학 책들을 챙겨갔다. 경찰의 수사망을 몇 번이나 뚫고 도주에 성공했건만, 결국 그는 그해 7월 6일 해방서점에서 책을 가지고 나오다가 경찰에 붙잡힌다. 해방서점 점원의 말에 따르면, 이날 이관술이 챙겼던 책은 『민주주의의 승리』, 『조선문화사서설』, 『조선민족운동연감』, 『변증법유물론요설』이었다.[28]

'유언비어'가 살아 숨 쉬던 곳, 사회과학서점

1980년대는 민주화를 향한 열망과 저항이 폭발하던 시기였다. 사람들이 부지기수로 죽고 고통을 겪었지만, 언론은 제 역할을 하지 못한 채 그저 정부의 담화 발표와 기자회견 내용을 주워 담기에 바빴다. 말이란 사실을 알리고 생각을 나누고 진실을 전하는 길인데, 언론의 말은 공신력을 잃고 타락해버렸다. 그러자 사람들의 말이 기세를 높이기 시작한다. 사실은 감춰지는 것도, 진실은 파묻히는 것도, 진리는 벙어리가 되는 것도 아니기 때문이다.

다들 진실에 목말라하는 시대였다. 언론에서 알려주지 않더라도 이야기들은 입에서 입으로 전해졌다. 민주화운동에 헌신했던 문동환 목사는 "사실을 알려거든 뒷골목에, 진실을 보려거든 낮은 곳에, 진리를 듣고 싶거든 공순이에게 가보시오. 그리고 묵묵히 가슴에 손을 얹고 반성해보시오"라고 했다.[29] 울분에 찬 농민이나 택시 기사, 공장에서 쫓겨난 '공순이'에게서나 진정한 '말'을 들을 수 있는 시대였다.

이때 등장한 사회과학서점은 세상에 의혹을 품은 이들을 위한 '유언비어의 공간'이었다. 권력이 유언비어로 규정한 말들이 숨어들었기에 서점에는 비밀스러운 구석이 있었다. 아마도 1980년대만큼 서점이 체제 비판적 역할을 한 시기는 없을 것이다. 사상과 언론의 자유가 억압받는 엄혹한 시대에 서점은 저항의 이념을 전파하면서 자율적인 문화 공간을 제공했다. 문동환 목사의 말에 이런 말을 한마디 보탤 수 있으리라. "의혹의 실마리를 풀고 싶다면 서점으로 가보시오."

그렇다면 왜 '1980년대'에 이념서적을 취급하는 전문서점이 생겨났을까. 여기에 어떤 역사적·사회적 배경과 맥락이 있을까. 아마도 가장 큰 이유는 1980년대가 민주화운동의 역량이 폭발적으로 늘어난 시대였기 때문일 것이다. 운동의 주요 세력인 대학생과 지식인들은 노동 현장에 뛰어들거나 반미운동을 벌이면서 급진적 저항운동을 전개했다. 이들은 사회 한복판에 커다란 영향을 미치며 민주화운동을 이끌었다.

당시 제도권 학교는 학생들의 지적 욕구를 채워주지 못했다. 1980년대 대학 도서관은 폐가식으로 운영했기에 이용자가 직접 책을 골라 볼 수 없었을뿐더러 신간 구입이 늦어지는 경우가 다반사였다. 권력의 시선도 의식하지 않을 수 없었다. 때마침 1980년대는 독서 인구가 급격히 늘고 출판시장이 성장하는 시대였다. 이런 상황이 맞물리면서 수요가 늘어나자 공급이 필요해졌는데, 이때 등장한 것이 사회과학서점이다. 1980년대 대학문화에서 사회과학서점은 도서관이자 공부방이었고, 누군가와 만나기 위해 기다리는 장소이자 교문이 봉쇄됐을 때 시간을 때우던 곳이었다. 학생들은 이곳에 모여 하나의 저항 공동체를 형성해 나갔다. 그야말로 풀 방구리에 쥐 드나들 듯 사회과학서점을 들락날락한 시대였다.

70쪽의 표는 신문 기사, 서점 소식지, 성명서 등을 참조해 작성한 1980년대 사회과학서점의 현황이다. 대부분 서울에 집중되었지만 지방 도시에도 하나 이상씩 있었고, 대학가에 문을 여는 경우가 많았다. 사회과학 서적의 출간이 늘고 운동권이 이론에 눈뜨면서 대학가 앞에 하나둘 이런 서점이 들어선 것이다. 당시에는 특정 학교 이름을 대면 근처의 사회과학서점이 자동으로 떠오를 정도였고, 그만큼 문화적 영향력도 상당했다. 대학가 앞에 사회과학서점이 늘어나자 학생들은 다양한 이념서적들을 더욱 쉽게 구

1980년대 사회과학서점 현황

위 치		서점 이름과 운영주
서울	광화문	논장(오근갑), 민중문화사(정진영)
	구로	공단서점
	건국대	인서점(심범섭)
	경희대	지평
	고려대	장백서원(홍석주), 집현서점(조규일), 한마당(김원표), 황토서점(김형근)
	덕성여대	비나리(최용숙)
	동국대	녹두
	서강대	서강인(배노연), 한벗
	서울시립대	창의서점(박부용)
	서울대	광장서점(이해명·이해만), 그날이오면(안광국), 대학서점, 동방, 백두, 열린글방, 오월서점(양재원), 전야(이치범),
	성균관대	풀무질(방은호), 한겨레
	숙명여대	숙명인, 창조
	연세대	알(전은주), 오늘의책(김태경)
	이화여대	다락방(김태문), 우리서점(임근춘)
	중앙대	젊은 예수, 창조, 청맥
	한국외대	죽림글방
	한성대	들불, 한백
	한양대	겨레터(이상호), 한마당
	홍익대	이어도(김현)
경기	인천	광야(곽한왕), 만두리서점(김용환), 상록수, 새벽, 일터
충청	공주	우리글집
	충남대	창의서점
	충북대	민사랑
강원	춘천	청구서점(김중호), 춘천서점, 학문사(홍병훈)
경상	부산	다락방(조지훈), 대한도서(임점수), 동보서적(김두익), 문예도서, 부영, 산지니(남성철)→청산글방(이강인), 여명(신종관), 한림(이경복), 한성
	울산	동아서점, 문화서점
	대구	마가책방(권형민), 신우, 일청담, 청산글방(김석호)
	마산	경남서적, 대학서점, 우리시대, 학문당
전라	전주	금강서적
	군산	녹두서점
	원광대	황토서점
	전남대	청년글방, 황지서점
	조선대	백민서점
제주	제주	사인자서점

입할 수 있었다. 현실 인식 입문서, 정치경제학과 유물론, 세계혁명사, 한국 학생운동사 등을 다룬 책들은 사회과학서점에 가야 볼 수 있었다. 이처럼 당대의 사회과학서점은 대학가에 대항적 지식의 공급처 역할을 했다. 1985년 4월에 문을 연 연세대 앞 오늘의 책은 매일 150권 정도의 책을 꾸준히 팔았다고 한다.[30]

　사회과학서점의 이름은 '의미'와 '느낌'을 동시에 주는 경우가 많았다. 한글 이름을 저항의 상징으로 여겼으며, 이념 지향성이 물씬 풍기는 이름도 상당했다. 예컨대 이름에 '녹두'를 사용한 서점이라면 동학의 정신을 잇겠다는 포부를 밝힌 셈이다. '들불'과 '인ㅅ서점'은 저항의 주체로서 민중을 주목한 명칭이다. '그날이 오면', '여명', '창조' 등에서는 새로운 세상에 대한 희망과 동경을 엿볼 수 있다. 대구의 마가책방은 '마음이 가난한 이들의 서점'이라는 의미를 담고 있다. 이처럼 사회과학서점의 이름만 보더라도 1980년대 민주화운동의 문화적 지향을 대략 파악할 수 있다.

　사회과학서점이 창출한 연대의 문화도 기억해야 할 지점이다. 1985년 2월에 이화여대 앞에 있던 우리서점이 화재로 불타자 학생들이 돈을 모아 서점 살리기에 나선 일이 있다. 서점 주인 임근춘은 서점이 있던 자리에 천막을 세우고 타다 남은 책들을 팔기 시작했다. 일종의 천막서점이 열린 지 하루 만에 책이 거의 동날 정도로 학생들의 열의가 대단했다. 이에 임근춘은 서점회원제를 실시하여 서점을 다시 여는 데 필요한 자본을 본격적으로 마련하

1980년대에 들어선 사회과학서점 가운데 지금까지 명맥을 이어가는 곳은 그다지 많지 않다. 서울대 앞 녹두거리에 있는 그날이오면은 몇 안 남은 사회과학서점이다. 사진은 2014년에 촬영했다.

기 시작했다. 이때의 서점회원제는 입회금 1만 원을 내고 회원이 되면 책값의 10퍼센트를 깎아주고 책방이 정상 궤도에 오른 뒤 입회금을 돌려주는 방식이었다. 불과 보름 만에 500여 명의 학생이 회원으로 등록하며 서점 살리기에 적극 참여했다.[31]

이러한 연대는 1990년대에도 이어졌다. 1996년에는 연세대 학생들이 학교 앞 사회과학서점 오늘의책을 살리는 운동에 적극적으로 동참했다. 1997년에는 고려대 학생들이 당시 학교 앞에 남은 유일한 사회과학서점인 장백서원이 지하철 공사로 존폐 기로에 서자 서점을 살리기 위한 운동을 전개했다. 이때 협동조합을 만들어 모금운동을 벌인 사실은 주목할 만하다.[32]

서점의 시대

금서를 둘러싼 갈등

사회과학서점은 이념서적을 전문적으로 취급했다. 이때의 이념
서적이란 좌익 이데올로기뿐만 아니라 반정부적·반체제적 내용
을 포괄하는 보다 광범위한 책을 가리킨다.

이념서적의 효시는 1982년 2월 평민사가 발간한 『칼 마르크스』
이다. 이는 대한민국 정부 수립 이후 처음으로 발행된 합법적 이
념서적이다. 필자인 이사야 벌린이 영국학술원 원장이었던 덕분
에 문화공보부가 이 책의 번역본에 납본필증을 떼어주면서 출간
이 성사된 것이었다. 『칼 마르크스』는 발간 40일 만에 5만 부가
나갈 정도로 큰 반향을 불러일으켰다. 언론은 이 책의 출간을 통
행금지 해제와 교복자율화에 이은 '제3의 해금'이라며 대서특필
했다. 당시 정부는 학생들이 스스로의 힘으로 공산주의를 비판하
는 능력을 키워야 한다는 교육정책을 내놓은 상태였다. 역설적이
게도 『칼 마르크스』의 출간은 반공 교육의 일환으로 가능했던 것
이다.

그런데 불과 3년 만에 태도를 바꾸어 정부는 전에 없이 서적의
대량 압수를 감행했다. 1985년 5월 1일 서울대 앞 광장서점에 들
이닥친 경찰들이 영장도 제시하지 않고 다짜고짜 서점 내부를 수
색한 뒤 700여 권의 책을 압수한 것이다. 이른바 이념서적 파동이
다. 다음 날에는 광장서점과 대학서점, 오월서점을 수색하여 1천

여 권의 책을 압수했다. 애당초 이념서적의 출간은 '반공'이라는 단서가 붙은 채 정부의 자신감에 기댄 조치였지만, 이후의 압수는 지나치게 요란스러웠다. 여당에서조차 "자라 보고 놀란 가슴 솥 뚜껑 보고도 놀라는 식의 단속이 되어서는 안 되며, 공산주의에 대한 비판 서적까지 무분별하게 단속되는 일이 없도록" 해야 한다는 말이 나올 정도였다.

이후로 탄압은 더욱 거세어졌다. 1986년 8월 8일, 경찰은 서울 시내 24개 서점을 덮쳐 25종의 책을 압수한 뒤 10개 서점 주인을 연행했다. 이날 압수수색을 받은 서점은 겨레터, 녹두, 논장, 다락방, 바람풀, 오늘의책, 외대서적, 이어도, 장백서원, 한벗 등이었다. 심지어 다락방의 김태문, 오늘의책의 김태경, 이어도의 김현 같은 서점 주인들은 국가보안법 위반 혐의까지 받았다. 8월 말에는 탄압 지역이 넓어져서 부산, 울산, 마산, 대구, 인천, 수원, 춘천, 원주, 광주, 전주, 군산 등에서도 압수수색과 연행이 이루어졌다. 한국출판문화운동협의회의 조사에 따르면, 1985년 5월 1일부터 1987년 6월 이전까지 126여 회의 압수수색이 진행되었다.[33]

문제는 판매금지 도서를 선정하는 기준이 매우 모호하다는 데 있었다. 예를 들어 외서의 수입은 별다른 문제가 없었으나 번역판은 판매금지가 된 경우가 있었다. 반대로 외서의 수입은 금지되었지만 번역판은 판매 허가가 떨어진 경우도 있었다. 잡지에 연재한 글들을 묶어 출판했을 뿐인데 나중에 판매금지 조치를 내리기도 했다. 당국의 출판 정책이 매우 일관성 없으며 모순적이었던 것이다. 그야말로 무차별적이고 자의적인 출판 탄압이었다.

책뿐만 아니라 민중가요 카세트테이프도 압수 대상이었다. 이는 1970년대 후반부터 1990년대 초반에 이르기까지 한국사회 노래문화의 한자리를 차지하며 유행했다. 그 시작은 1978년에 출시된 포크 가수 김민기의 〈공장의 불빛〉으로 본다. 1980년대 중반에 이르면 민중가요 카세트테이프가 널리 생산·유통되면서 노래운동의 중요한 매개체로 자리 잡는다. 그리고 이 카세트테이프의 주요 판매처가 바로 대학가의 사회과학서점이었다. 일반 레코드 가게에서 팔 수 없는 민중가요 카세트테이프가 사회과학서점에서 거래되었던 것이다. 그러나 사회과학서점에 있던 수백여 개의 민중가요 카세트테이프는 압수수색으로 경찰의 손에 넘어가게 된다.

의문이 남는다. 정부는 무슨 이유로 '1985년'이라는 시점에 이념서적 파동을 일으킨 것일까. 추측건대 1985년 2월 12일에 치른 총선 결과가 영향을 미쳤던 것 같다. 많은 이들의 지대한 관심을 받았던 2·12 총선 결과, 여당은 참패하고 야당은 우세한 득표를 얻었다. 이때부터 정권은 휘청거리기 시작한다. 유권자들의 민주화 열망에 깜짝 놀란 정권은 이념서적이 여론에 큰 영향을 미친다고 판단한 모양이다. 대중으로부터 사상을 분리하기 위해 정권은 매우 공격적인 출판 탄압을 감행한 것으로 보인다. 이에 사회과학

서점들은 동맹철시로 맞섰다. 1986년 8월 9일 인문사회과학서적 상연합회는 철야 농성에 돌입하고, 8월 11일에는 인문사회과학 서적상연합회 소속 17개 서점이 동맹철시에 나선다.

한 시대를 휩쓴 사회과학서점은 1990년대 초부터 서서히 사라져갔다. 재정난과 임대료 인상을 견디지 못해 문을 닫는 서점이 속속 나타난 것이다. 사회과학 책의 판매량이 절반 내지 3분의 1 수준으로 줄어든 것도 서점이 문을 닫게 된 요인이었다. 아마도 1980년대와 1990년대를 가로지르는 문화 지형의 차이 중 하나는 사회과학서점의 흥망일 것이다. 고려대 앞 장백서원과 건국대 앞 인서점 등은 '서울지역 인문사회과학서적 모임'을 꾸려 위기를 타개할 자구책을 마련하고자 했다. 몇몇 학교 학생들은 사회과학서점을 살리기 위한 협동조합 설립과 모금운동에 나섰다.[34] 이와 달리 기존의 성격을 유지하면서 일종의 복합문화공간으로 변신을 시도한 경우도 있었다.

4장

옛것이 살아 숨 쉬는 곳, 고서점

헌책방의 좁디좁은 틈새에 빽빽하게 꽂혀 있는 책들은 억척스럽게 살아남은 지식의 보고다. 개인이나 도서관, 출판사 등을 통해 흘러나온 이 책들은 누군가에게 쓸모없는 종이 뭉치에 불과할지 모른다. 하지만 헌책의 가치를 노랗게 색 바랜 종이가 아니라 그 안에 담긴 내용, 거기에 깃든 추억, 과거와 현재를 이어주는 역사성 등으로 따진다면 그 값을 매기기 어렵다. 가치를 알고 헌책방에 들른다면, 입구에 들어서자마자 나는 쿰쿰한 종이 냄새가 반갑기 그지없을 것이다. 책들 사이사이에 묻은 세월의 냄새가 향기롭다면, 헌책방 여행자로서 최소한의 요건은 갖추었다고 할 수 있다.

한남서림, 식민지 조선의 부키니스트

주지하다시피 서울 인사동은 저명한 골동품 거리다. 한 집 건너 골동 가게, 두 집 건너 화랑이 있는 동네의 정취는 사람들의 문화적 욕구를 자극하기에 충분하다. 100여 년 전, 인사동에 들어선 한남서림은 다른 서점과 달리 '고서'만을 고집한 뚝심 있는 고서점이었다. 이 서점을 차린 이는 중인 집안 출신인 백두용이었다. 그는 고서적과 고서화 수집에 매진했는데, 고서점은 그 특성상 판매만큼이나 수집도 매우 중요하기 때문이다. 이는 사라져가는 옛 문화와 우리말을 보전하려는 노력의 일환이기도 했다. 옛 서적과 서화에 대한 식견과 전문성 없이 고서점을 운영한다는 것은 불가능에 가까운 일이었다.

다른 서점들이 운영이 어려워 문을 닫을 때도 한남서림은 고서 판매를 멈추지 않았다. 일제강점기에 한 신문 기자와 인터뷰를 하면서 백두용은 사서삼경을 일컫는 '칠서'를 제일 많이 팔았다고 밝혔다. 그 밖에 한서, 사기, 문집 등을 취급했다. 재미있는 건 한남서림의 주요 고객이 시골 손님이었다는 사실이다. 서점이 없던 시골에서 여러 손님의 부탁을 받아 한 번에 수십에서 수백 권씩 책을 사가는 손님들이 왕왕 있었던 것이다.[1]

고서 판매만으로 수지 타산을 맞추기 어려워진 1916년부터 한남서림은 『전등신화』, 『천군연의』, 『창선감의록』, 『서유기』 등의

『해동역대명가필보』 1권에 수록된 한남서림 전경. 창업자 백두용(가운데 의자에
앉은 이)이 서점 직원들과 함께 찍은 사진이다. 이 사진을 통해 한남서림의 전성
기를 미루어 짐작할 수 있다.

소설을 펴낸다. 또한 조선 시대 고서들을 복간하여 세상에 선보인
다. 출판 사업에 발 들이면서도 한남서림은 고서점의 정체성을 버
리지 않은 것이다. 1919년에 인사동에서 관훈동으로 서점을 이전
한 뒤 한남서림은 최고 전성기를 누린다. 다음 해인 1920년, 백두
용은 다른 출판사들이 발간을 주저한 고소설을 한꺼번에 22종이
나 펴냈다. 이 작품들은 1910년대에 대중성을 인정받은 작품이었
기에 한남서림에서 한꺼번에 간행할 수 있었다.

　위 사진은 한남서림이 1926년에 펴낸 『해동역대명가필보海東歷
代名家筆譜』 1권에 수록되어 있다. 2층 건물 위의 간판에는 커다란 글씨로 '한남서림'이라는 서점명을 한자로 표기했고, 그 아래에 주인인 백두용의 이름이 조그맣게 적혀 있다. 1층 입구에 서점 직원들이 '해동명가필보海東名家筆譜'라는 문구가 적힌 입간판을 배경 삼아 포즈를 취하고 있는데, 가운데 의자에 앉은 이가 창업자 백두용이다.

이 사진은 한남서림 직원들이 『해동역대명가필보』를 홍보하기 위해 찍은 것이다. 이 책은 700여 명의 필적을 모아 엮은 한남서림의 회심작으로, 글씨의 변천과 인물의 필적을 한눈에 볼 수 있어서 서예사에서 매우 중요한 자료로 평가받는다. 한남서림에서 『해동역대명가필보』를 펴낼 수 있었던 것은 고서화를 수집하면서 틈틈이 역사적 명필들을 따로 정리했기 때문이다. 고서점이 단순한 수집을 넘어서 지식의 생산으로까지 나아갔음을 보여주는 사례일 것이다.

식민지 조선에서 가장 유명한 고서점으로 알려진 한남서림의 최대 고민은 고서 수요가 감소하는 것이었다. 게다가 1930년대 초반에 환갑을 맞은 백두용은 은퇴를 고민하지만 일을 이어받을 마땅한 사람을 찾지 못했다. 그러다가 만난 인물이 간송 전형필이다. 전형필은 한평생 조선의 문화재가 다른 나라로 유출되는 일을 막고자 사재를 털어 이를 수집한 인물이다. 때마침 그도 "기왕 꽤 많은 서적을 모았으니 한 걸음 더 나아가서 (……) 우리나라 고서적도 함께 수집하되 (……) 고서적에 밝은 전문인들의 협력을 얻어서 좋은 문고文庫를 하나 만들어보라"는 권유를 받은 상태였다. 이에 전형필은 일종의 고서 문고를 준비하던 중 1936년에 한남서림을 인수한다.

한남서림은 전형필이 운영하면서 출판보다 서점 사업에 주력했다.[2] 그가 한남서림을 문화재 수집의 교두보로 삼으려 했기 때문이다. 이를 위해 전형필은 문화재 중개상인 이순황에게 한남서림의 경영을 맡겼다. 이순황은 전형필의 전적인 지원을 받으며 다양한 고서를 수집했고, 이 과정에서 『훈민정음』 해례본 원본을 구하는 쾌거를 올렸다. 이는 역사적 가치를 인정받아 1962년 국보 70호로 지정된 데 이어 1997년에는 유네스코 세계기록유산으로 지정된다. 전형필은 1938년에 자신의 컬렉션을 모아 보화각을 설립하는데, 이는 국내 최초의 사립 미술관인 간송박물관으로 이어진다. 현재 『훈민정음』 해례본 원본은 이곳에 보관되어 있다.

한편 1930년대는 '조선학의 시대'였다. 이는 곧 고서 수집의 시대이기도 했다. 김태준, 양주동, 최남선 등 당대의 지식인들은 각자의 분야에서 관련 고서들을 찾아 수집했다. 전형필이 한남서림을 인수한 뒤 문화재 전문가 이순황에게 고서 수집을 하도록 물심양면 지원한 것은 1930년대 식민지 조선의 지적 여정과도 맞물리는 일이었다. 이 시기의 조선학은 한남서림의 고서 수집을 통해 더욱 탄탄해졌을 것이다.

서지학에 상당한 식견을 가진 국문학자 이병기는 한남서림의 단골이었다. 그는 1919년부터 1968년에 눈을 감을 때까지 50여 년간 꾸준히 일기를 썼다. 이를 묶은 『가람일기』에는 많은 지인들과 책을 거래한 일이 다수 기록되어 있는데, 그 가운데 서적 중개상 송신용이 자주 등장한다. 1930년대 초반 이후 이병기는 자신의 집을 수시로 드나들던 송신용에게 상당한 양의 고서를 구매했다. 때로는 그와 함께 고서점에 가서 책 정보를 교환하기도 했다. 예를 들어 1937년 6월 8일 이병기와 송신용은 한남서림에 들러서 『죽란물명고』, 『분원사기보초』, 『대학혹문』을 구입했다. 이처럼 『가람일기』는 고서점 순례자 이병기의 여정에 초점을 맞추어서도 되짚어볼 만한 기록이다.

고서 수집가들의 슬기로운 생활

전형필이 한남서림을 인수하면서 불러 모은 고서 전문가 중에는 이성의라는 인물이 있었다. 그는 전국을 돌아다니며 수집한 책들을 조선총독부 도서관에 납품하던 책쾌冊儈였다.[3] 책쾌는 전국을 돌아다니며 영리를 목적으로 책을 판매한, 서점 역할을 대신하던 존재이다. 서쾌書儈, 책거간冊居間, 책 장수 등 다양한 명칭으로 불렸다. 기록상 제일 먼저 등장하는 책쾌는 유희춘의 『미암일기』(1567~77)에 등장하는 박의석과 송희정으로 알려져 있다.

책쾌에는 다양한 유형이 있다. 몰락 양반이나 중인 출신으로 생계를 위해 책 장사에 뛰어든 지식인형 책쾌가 있고, 책 판매를 전업 삼아 문화 전파의 관계망을 구축한 전문가형 책쾌가 있다. 또한 한학에 조예가 깊어 직접 고서에 관한 해제를 쓰거나 주석을 덧붙인 연구자형 책쾌도 있다. 물론 이들의 유형이 기계적으로 나뉘는 건 아니다. 책쾌는 장사꾼이자 문화운동가의 면모가 있었으며, 때로는 연구자와 같은 진지함과 집요함도 발휘했기 때문이다. 즉 한마디로 규정하기 어려운 혼종적 존재다.

이성의는 책쾌의 이런 특징을 잘 보여주는 인물이다. 그가 책 장사에 뛰어든 건 1924년 경성 안국동에 자리한 취진당이라는 고서점에 점원으로 근무하면서부터다. 이후에 그는 취진당에서 나와 전국 각지에 숨어 있는 고서들을 찾아다녔다. 이와 관련하여 전해오는 일화가 있다. 그는 경성제대 교수인 이마니시 류와 가깝게 지냈는데, 이마니시 류는 같은 학교 교수인 후지쓰가 지카시, 육당 최남선과 더불어 경성에서 손꼽히는 장서가였다.[4] 어느 날 이성의는 고려 시대에 간행된 11권짜리 불경이 일본 교토의 한 서점에 싼값으로 나왔다는 이야기를 이마니시 류에게 건네 들었다. 그러자 그는 고민할 새 없이 일본으로 건너가 그 불경을 손에 넣었다고 한다.

해방 후 이성의는 화산서림이라는 고서점을 운영하면서 '활자 마니아'로서의 면모를 갖춰 나간다. 이때 그는 활자 연구에 필요

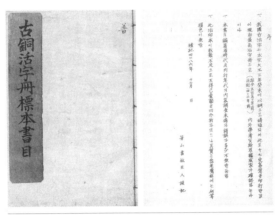

이성의가 한국전쟁 전에 수집한 고활자본을 모아 펴낸 『고동활자책표본서목』의
표지와 서문. 언론에서는 이러한 책을 펴낸 그를 두고 단순한 고서 상인이 아니라
존경할 만한 상인 학자라고 평했다.

한 문헌 자료들을 수집하고, 3000여 장의 고서 목록 카드를 작성
했다. 그리고 한국전쟁 전에 수집한 200여 권의 고활자본을 모아
『고동활자책표본서목古銅活字冊標本書目』(1953)을 출간한다. 일종의
고서 가이드였다. 당시 언론에서는 이성의를 단순한 고서 상인이
아니라 존경할 만한 거리의 상인 학자라고 말할 정도였다.[5] 이렇
게 그는 학계에서도 주목하는 고활자본 연구가로 자리 잡는다.

　이성의가 수집한 자료는 현재 두 군데에 보관 중이다. 1965년
그가 갑작스럽게 사망한 뒤 유족들은 그가 수집한 자료를 미국 컬
럼비아 대학교에 팔려고 했다. 하지만 문화재 유출 시비가 일면
서 중요 자료들의 국외 반출이 금지된다. 그 결과 이들 자료는 고
려대학교 도서관의 '화산문고'와 컬럼비아 대학교의 '화산문고'로

서점의 시대

분산되었다. 안타깝게도 그가 한평생 열의를 바친 고활자본 수집의 성과와 의미에 대한 학술적 연구는 아직까지 찾아볼 수 없다.

한편 중일전쟁이 발발하고 제2차 세계대전이 끝으로 치달은 전시체제기는 그야말로 서점의 수난 시대였다. 일제는 1941년 12월에 일본출판배급주식회사 경성 지점을 설립하여 식민지 조선에서의 서점 공급권을 독점하게 한다. 이때부터 모든 신간은 이곳에서 지정한 서점에서만 판매할 수 있었다.[6] 통제경제 시대로 넘어가면서 서적 공급도 일괄적 배급 체제로 재편된 것이다. 그리하여 삼중당서점, 동광당서점(이상 관훈동), 영창서관, 박문서관, 덕흥서림, 세창서관, 동문사(이상 종로), 금성서점(남대문로), 중앙인서관(적선동)만 신간을 배급받았고, 나머지 서점은 문을 닫거나 고서 영업으로 생계를 꾸려야 했다.

이런 상황에서 국어학자 방종현은 경성 안국동 큰길가에 민중서관이라는 고서점을 차렸다. 그는 일제강점기에 다방면으로 활동한 장서가이자 지식인으로, 책에 묻혀 살았지만 서재에만 앉아 있지는 않았다. 방종현은 전국 방방곡곡을 돌아다니며 방언을 조사했는데, 이를 위해 제주 가파도까지 방문할 정도로 열의가 대단했다. 이러한 조사와 연구를 바탕으로 그는 1939년 《조선일보》에 「팔도속담 스크랩」이라는 글을 연재했다.

또한 방종현은 많은 장서들을 두루 열람한 뒤 이력을 밝히는 작업에도 몰두했다. 이 과정에서 고서들을 한 장 한 장 들추며 새로 발견한 단어의 용례를 하나하나 카드에 옮겨 적는 작업을 했다. 그가 국어학 연구자의 정체성을 가지고 있었기에 가능한 일이었다. 그야말로 방종현은 '식민지 조선의 아키비스트'였다. 그가 수집하여 소장한 책은 사후 서울대학교 도서관에 '일사문고'라는 이름으로 보관 중이다. 일사문고는 서울대학교 도서관 역사상 최초의 개인 문고이다.

앞서 언급한 이성의가 고서 수집에서 고활자본 연구로 나아간 사례라면, 방종현은 연구자로서 고서점을 차린 독특한 사례다. 전쟁으로 시대가 더욱 엄혹해지면서 조선의 말이나 문화와 함께 고서적도 사라질 위기에 처하자 방종현은 직접 고서점을 차려 자료를 모아두려 했던 것으로 보인다.[7] 또한 이 시기에 그는 민중서관을 운영하면서도 국어사 연구에 매진한 듯하다. 해방 직후 그가 『고어재료사전』, 『훈민정음통사』, 『고시조정해』, 『조선문화총설』, 『세시풍속집』, 『속담집』, 『송강가사』를 연이어 간행한 것은 민중서관을 거점 삼아 고서를 수집하고 연구한 토대 덕분이다.

방종현이 보유한 책 중에는 보물로 지정된 희귀 도서가 있다. 바로 『능엄경언해』(보물 765호)와 『목우자수심결언해』(보물 770호), 그리고 『반야심경언해』(보물 771호)이다. 그밖에도 일사문고에는 국어사에 가치 있는 고서 자료가 꽤나 많다. 방종현은 일제강점기에 고서점을 통해 지식인으로서의 양심을 지켜 나간 인물로 기억해야 할 것이다.

현존하는 가장 오래된 고서점, 통문관

전시체제기에 고서점을 운영하는 일은 녹록지 않았다. 전시에는 우리 편과 적이 명확히 갈린다. 전쟁의 흑백논리가 모든 걸 집어삼키기에, 희극마저 비극으로 만들어버리기에 충분하다. 이때 일제는 서점 이름에조차 의혹의 눈길을 보냈다. 1937년에 일선당이 이런 고충을 겪었다. 창업자 배성도는 1934년 대구의 송죽극장 앞에 노점을 펴고 극장을 드나드는 손님들에게 열심히 책을 팔았다. 3년간 착실히 돈을 모은 그는 가게를 얻어 일선당이라는 서점을 열었다. 그런데 배성도는 몇 달 후 경찰서에 불려가야 했다. 해가 곱다는 뜻에서 붙인 일선日鮮이라는 이름이 조선을 가리키는 게 아니냐는 추궁이 이어졌다. 결국 그는 개명을 약속했고, 일선당에서 태양당으로 서점 이름을 바꾸었다.

전시체제기에 엉뚱한 일로 고초를 겪은 서점은 일선당만이 아니었다. 1938년 가을쯤이었다. 누군가 두툼하게 꿰맨 책 한 권을 들고 고서점인 통문관을 찾아왔다. 그것은 놀랍게도 상하이, 만주, 시베리아 등지에서 벌인 독립운동에 관한 자료였다. 일본 경찰과 탐정이 독립운동가들을 비밀리에 사찰한 뒤 작성한 보고서도 있었다. 통문관 주인인 이겸노는 하나도 빠짐없이 모두 가져오라고 신신당부했다. 얼마 뒤 손수레에 자료가 가득 실려왔다. 이겸노는 이 자료를 수차례에 걸쳐 몽땅 고가로 대동출판사에 팔아

넘겼다. 당시에 대동출판사는 단행본과 잡지를 펴내면서 우리나라 고문헌 자료를 수집하고 있었다. 아침마다 책 꾸러미를 든 행상들이 밀려들었다는데, 이겸노도 그중 하나였을 것이다.[8]

그러다가 사건이 터졌다. 누군가 종로 사거리의 화신백화점 옥상에서 창씨개명에 반대하는 삐라를 뿌린 것이다. 경성은 한바탕 뒤집어졌다. 경찰은 평소 눈엣가시였던 대동출판사를 수색했다. 그런데 뜻밖에도 산더미처럼 쌓인 조선총독부의 비밀문서가 발견되었다. 출판사 직원들은 깡그리 용산경찰서로 잡혀 들어갔고, 수사망은 통문관으로까지 좁혀졌다. 이겸노는 비밀문서를 입수한 경위를 밝힌 뒤 20여 일간 유치장 신세를 지게 된다.[9] 다행히 이 정도로 사건은 일단락되었다. 식민지 조선의 고서점이 겪은 일화다.

통문관은 현재 대한민국에서 가장 오랜 역사를 자랑하는 고서점이다. 여전히 서울 인사동 초입에서 문을 열어놓고 손님을 맞는 고서점계의 산증인이다. 통문관의 창업자 이겸노는 열일곱 살 때부터 책 장사에 뛰어든 인물이다. 선문옥의 점원으로 업계에 첫발을 내딛은 그는 종로 야시장에서 책을 팔다가 1934년에 금항당이라는 고서점을 차렸다. 통문관이라는 이름은 해방 이후에 새로 지은 것이다.

이겸노는 고서점을 운영하면서 한 가지 철칙을 정했다. 그건 바로 동수무기童叟無欺 언무이가言無二價, 즉 "아이든 어른이든 속이

1934년 경성 인사동에서 문을 연 통문관은 현존하는 국내 고서점 중 가장 오래된 곳이다. 위 사진은 1967년 신축 이전의 통문관의 모습이며, 현재는 아래 사진과 같이 단장하고 고서적을 사랑하는 여러 손님을 맞고 있다.

지 않고 값은 두 번 말하지 않는 것"이었다. 값을 두 번 말하지 않 겠다는 말은 고서의 가격을 깎지도, 바가지를 씌우지도 않겠다는 뜻이다. 아울러 이겸노는 부르는 게 값인 고서점업계의 관행을 깨고 모든 책에 정가표를 붙였다. 그의 철학은 고서점을 찾는 이 들에게 신뢰를 주기에 충분했다. 통문관의 단골이 늘어나는 것은 당연했다.

당대의 한국학 연구자치고 통문관을 들르지 않은 사람은 없을 것이다. 고유섭, 김원룡, 이희승, 최순우 등 한국학 연구의 대가들이 한 달에 서너 차례 통문관에 들러 연구에 필요한 자료를 구해 갔다. 우스갯소리로 "통문관이 없으면 학회의 존립 근거가 흔들린다"는 말이 떠돌 정도였다. 한마디로 통문관은 학자들의 사랑방 구실을 한 셈이다.

한국전쟁이 발발한 때였다. 이겸노는 피난지에서 쌀이라도 구해볼 요량으로 책을 한 짐 짊어지고 길을 나섰다. 고대에서 조선시대까지의 주요 사료를 모아 엮은, 80여 권짜리 『조선군서대계』한 질이었다. 이 한문 책을 메고 흘러 흘러 도착한 곳은 피난 수도부산이었다. 다행히 그는 그곳에서 주한미국대사관 문화담당관 마르카스타브리유 슈바카의 도움으로 거금을 벌 수 있었다. 하지만 피난살이 후 서울로 돌아오니 통문관은 전쟁의 포화로 온데간데없었다. 어렵게 마음을 추스른 그는 『조선군서대계』를 판 돈을 밑천 삼아 재기를 시도했다. 전쟁이 한창일 때도 그는 고서 수집을 포기하지 않았다. 서적 중개상 송신용이 남긴 서적 거래 장부에는 1952년 10월 3일 이겸노가 1만 환을 주고 『수성윤음』이라는 고서를 구매한 사실이 적혀 있다.[10]

이겸노가 쓴 『통문관 책방비화』(1987)에는 『월인석보』 초간본, 『청구영언』 유일본, 『삼국유사』 최고본, 〈세한도〉 원본 등의 희귀 자료를 입수하며 겪은 우여곡절이 기록되어 있다. 그가 소장한 『주역천견록』과 『시용향약보』는 1971년 8월에 각각 보물 제550호와 보물 제551호로 지정되었다. 『주역천견록』은 조선 전기의 문신이자 유학의 대가였던 권근이 저술한 주역 해설서로 당시의 유학을 연구하는 데 중요한 자료다. 『시용향악보』는 보기 드문 조선 시대의 악보집인데, 다른 문헌에서 볼 수 없는 16수의 악곡이 실려 있다는 사실만으로도 이 책의 가치는 충분할 것이다. 이처럼 통문관은 우리의 옛 문화와 역사를 보전하고 후대에 전하는 데 중요한 지식의 통로가 되어주었다.

고서점 순례자들의 극적인 발견

갖가지 사연으로 임자가 사라진 책들은 돌고 돌아 고서점으로 들어온다. 이곳에서는 묻히거나 잊힐 뻔한 소중한 이야기가 수집가들을 기다리고 있다. 그리고 책을 좋아하는 이들은 묻힌 책을 찾는 즐거움을 누리기 위해 고서점을 찾는다. 책꽂이에 빼곡하게 꽂혀 있는 책들, 옆이나 위아래로 꽉 낀 채 꼼짝달싹하지 않는 책들, 소위 책 탑 속에 갇힌·이런 책들을 유심히 뒤지다 보면 때때로 '보물'을 발견할 수 있다. 그전에 미처 알지 못했던 좋은 책을 발견할 때면 재미와 보람을 한껏 뛰어넘는 짜릿함을 느끼기 마련이다.[11] 고서점에서 먼지 구덩이에 파묻힌 책을 사간다는 것은 고물로 들어온 책에 새 생명을 불어넣는 일이다. 고서점의 역사는 고서점에서 보물을 발견한 이들의 순례기라고도 할 수 있다.

앞서 식민지 해방은 곧 책의 해방이었다고 했다. 여기서 책의 해방이란 출판의 자유뿐만 아니라 값어치 있는 헌책들이 다시 빛을 보며 되살아나는 것도 포함한다. 임자가 사라져서 풀기 없는 책에 다시 가치를 부여한 것이다. 이런 사례는 고서점에서 많은 책이 유통되었던 해방공간에서 쉽게 찾아볼 수 있다. 해방 직후에는 신간이 수요를 따라가지 못했기 때문에 헌책 판매가 매우 활발했다. 그리하여 서울의 고서점은 해방 이전에 70여 군데에 불과했지만, 해방 후 1년이 지나자 200여 군데 이상으로 늘었다.[12] 이는 일제의 패망과 함께 200만여 명의 일본인이 조선에서 철수하면서 "헐값으로 팔거나 버리고 간 책들이 일용 잡화와 함께 길거리 노점에 범람"한 덕분이기도 했다.[13] 그에 더해 고국으로 돌아온 동포와 유학생들이 챙겨온 책들과 미군 부대에서 흘러나온 책들이 고서점에서 유통되었다.

1940년부터 1946년까지 경성 주재 소련영사관에서 근무한 파냐 이사악꼬브나 샤브쉬나의 회고는 흥미롭다. 해방 후 어느 날 충무로를 지나가는 길이었다. 시끄럽고 좁은 골목을 지나는 사이, 한 고서점 주인이 그를 불렀다. 종종 조선에 관한 책을 사기 위해 들른 적이 있는 고서점이었다. 하지만 그때마다 서점 주인과 점원은 "매우 유감스럽지만 조선에 관한 책은 없습니다. 기계와 의학에 관한 서적은 여기 있습니다"라고 신경질적으로 응대하며 서둘러 그를 내보내고 싶은 티를 냈다.[14] 그런데 해방이 되자 이전에 퉁명스럽던 서점 주인의 태도가 자못 달라졌다. "당신은 정말로 조선의 역사에 관심이 있으십니까? 매우 흥미로운 책들을 보여드 릴 수 있습니다."

놀랍게도 고서점 주인이 꺼낸 책은 『조선경찰』(1938)과 『고등경 찰용어사전』(1935) 등으로, 조선총독부가 비밀리에 보관하던 자 료들이었다. 이 책들이 고서점에 유통된 이유는 간단했다. 해방 직후 경찰과 총독부 직원들이 이를 소각하지 않고 고서점 주인에 게 팔아넘긴 것이다. 다른 고서점의 주인이 보여준 책도 흥미로 웠다. 표지를 보면 동양 의학서인데, 책 사이사이에 레닌의 『무엇 을 할 것인가』가 번역되어 있었던 것이다. 고서점 주인 말에 따르 면, 이 책은 1940년대 초 조선인 혁명가들 사이에 널리 퍼졌다고 한다.

경성 관훈동에서 일성당을 운영한 황종수는 해방이 되자 비밀 리에 모아둔 책들을 매물로 내놓았다. 일제강점기에 그는 정음사 에서 펴낸 한글학자 최현배의 『우리말본』과 『한글갈』을 잔뜩 사 서 무조건 서점 2층에 쌓아두었다. 종종 조선어학회가 발행한 잡 지 《한글》을 넉넉히 구매하기도 했다. 어느 날은 윤시중이라는 인 물이 한성도서주식회사가 간행한 책들을 수레에 가득 싣고 방문 하자 그 책들을 몽땅 사들였다. 이렇게 2층 창고에 쌓아둔 책들은 해방 이후 불티나게 팔렸다. 단 며칠 만에 다 팔았다고 한다.[15]

일성당이 그간 모아둔 조선 책들을 풀어 판매한 것은 큰 화젯거리였다. 이를 두고 『출판대감』(1948)에서는 "일제 패망 이전까지 인멸하여가는 우리 고전과 문헌을 널리 섭렵하여 당시 비밀리에 갈구하던 조선학 수호의 학자와 학도들에게 편리를 보아주었을 뿐 아니라 일문 서적을 판매한 대가로 국문판인 어학, 역사, 문학 등 제서諸書를 구입 장치하였다가 8·15의 해방이 되자 일반에게 반포한 일은 특별 대서할 만한 사실"이라고 평했다.

고서 수집의 묘미는 아무것도 아닌 종이 뭉치에서 뜻밖의 자료를 발견하는 순간에 있다. 골동품 수집가나 중간상은 이를 '호리다시ほりだし'라 부른다. 호리다시는 일본어로 '발굴'을 뜻하는데, "우연히 진귀한 것을 찾아낸다"와 "의외로 좋은 것을 싸게 산다"라는 의미가 있다. 고유어로는 눅거리, 싼거리라고 하고, 1970년대에는 휴지거리라 불렀다.

이처럼 고서점은 극적인 발견이 종종 일어나는 곳인데, 그 사례 하나를 소개해본다. 1968년 10월 1일, 대구 동성로3가에 위치한 집고당이라는 고서점에서 국문학자 조윤제가 두루마리 두 점을 사갔다. 그런데 알고 보니 그 두루마리는 1500여 년 전의 돈황 고문서였다. 이 사실이 신문과 방송을 통해 알려지자 집고당 주인은 직원이 잘 모르고 이를 팔았다며 매매 무효 소송을 걸었다. 이 사건은 고서점이 판단 착오로 책을 잘못 판매하더라도 구매자가 원치 않으면 돌려받을 수 없다는 판례를 남겼다.

부산항만연구회의 김재승이 서울의 고서점에서 발견한, 국내 최초의 도개교인 영도교 건설 과정을 담은 사진. 1934년 부산에서 남선사진관을 운영한 일본인이 촬영했으며, 수많은 인파가 다리가 열리는 모습을 지켜보고 있다.

　이외에도 고서점은 다양한 발견의 보고였다. 부산항만연구회의 김재승은 1976년 9월 17일 서울의 한 고서점에서 일제 때 조성한 부산 영도교와 남항방파제의 건설 과정을 담은 사진을 발견했다.[16] 1934년에 준공한 영도교는 한국 최초로 배가 아래로 지나갈 수 있도록 위로 열리는 구조로 만든 다리로 그 의의가 있다. 명지대 이재명 교수는 1992년 청계천의 한 고서점에서 영화 〈조선해협〉(1943)의 시나리오를 발견했다. 이는 일제의 징병제를 홍보하기 위한 전쟁 협력용 영화이지만, 국내 최초의 컬러 영화라는 점에서 영화사적으로 의미가 있는 작품이다. 1994년에는 다큐멘터리 작가 김연갑이 인사동의 한 고서점에서 조선동요보급회가 발간한 『조선동요집』 제1집을 발견했는데, 그 안에는 동학농

민전쟁 때의 민요인 〈새야 새야 파랑새야〉의 오선지 악보가 실려 있었다.

한편 고서점을 들락날락하는 수집가 유형도 다양했다. 이들은 고서점과 시장 바닥을 돌아다니며 수집벽을 채워 나갔다. 그중 백순재는 '살아 있는 한국 잡지의 역사'로 통하는 수집가다. 아단문고가 그의 사후에 컬렉션을 인수할 때 잡지만 무려 1544종 1만 1095권이었다고 한다.[17] 백순재는 1954년 무렵부터 본격적으로 잡지를 모으기 시작했다. 전쟁 직후라 수많은 잡지가 고서점에 흘러들었고, 헐값이었다. 그렇더라도 1만여 권의 잡지를 모으는 것은 국어 교사인 그에게 경제적으로 쉬운 일이 아니었다. 백순재와 같은 시기에 활동한 하동호는 시집 수집가로 유명한 서지학자이자 국문학 교수다. 틈나는 대로 시집 수집에 나선 그는 전주의 한 고서점에서 김소월 시인의 『진달래꽃』 초간본을 구했으며, 어느 시골 고서점의 휴지 더미에서 박일연의 만주판 『시초詩抄』를 용케 찾아내기도 했다.

고서점에서 발견할 수 있는 보물은 역사적 가치가 높은 사료만이 아니다. 이곳에 있는 책들을 살펴보면 이전 주인의 흔적이 있는 경우가 다반사다. 대부분 책을 읽고 느낀 점이나 현실에 대한 고민을 허심탄회하게 적어놓은 글이다. 때로는 누군가에게 책 선물을 주며 자기 마음을 담은 글귀를 써놓은 경우도 있다. 책 사이에 꽂힌 낡은 책갈피를 발견하는 재미도 있는데, 이는 책방 문화를 살피는 데 요긴한 자료다. 이런 점들을 고려해본다면 헌책은 세상에 단 하나뿐이다.[18] 책을 읽고 만지고 즐긴 누군가의 손길과 흔적이 헌책에 오롯이 남아 있기 때문이다.

5장

개성과 매력이 가득한 전문서점

일반적으로 서점은 규모와 판매 장소에 따라 분류한다. 대형서점과 중소형서점은 규모에 따른 구분이며, 오프라인서점과 온라인서점은 판매 장소에 따른 구분이다. 이는 서점의 외형적 특성을 기준으로 분류한 것인데, 일반서점과 전문서점을 나누는 결은 다르다. 서점이 취급하는 책의 종류에 따른 분류이기 때문이다. 일반서점과 달리 전문서점은 특정 분야의 책을 주력으로 취급한다. 외국어 도서, 수험서, 한의서, 여행서, 예술서, 그림책 등 해당 분야의 책을 알차게 구비한 전문서점은 그 분야를 깊게 파고드는 마니아의 기호를 충족시킨다. 분야를 특화한 만큼, 알뜰하게 살펴볼 좋은 책이 눈에 많이 띄기 때문이다. 그래서 전문서점은 전문가나 동호인들이 정보를 주고받는 만남의 장이 되기도 한다.

전문서점의 효시, 행림서원

한 분야의 책만 취급하는 전문서점은 1980년대 후반에서 1990년 대 초반에 이르러 부쩍 늘어나기 시작했다. 이는 사회가 다변화된 데 발맞춰 세분화·전문화한 책들이 출간되었기에 가능한 일이었 다. 전문서점은 분야별로 쏟아져 나오는 전문서적들을 독자와 연 결해주는 창구 역할을 했다. 이를 통해 새로운 시장을 창출했고, 서점의 개성화 내지는 차별화도 이루어졌다.

그런데 전문서점의 시초는 이보다 훨씬 이전에 등장한다. 아마 도 1923년에 문을 연 행림서원이 전문서점의 효시일 것이다. 행 림서원은 일제강점기부터 한의학 관련 서적을 전문적으로 간행 한 출판사이자 서점이었다. 이곳에서는 세 가지 유형의 책을 펴 냈다. 우선『향약집성방』,『침구경험방』,『의문보감』등 조선 시대 의서를 복간하는 데 힘썼다. 하마터면 단절될 뻔한 조선의 의학 지식을 기록으로 남기는 데 매진한 것이다. 또한 한의사들에게 출 판 기회를 제공하여 자신의 연구 성과를 알릴 수 있게 했다. 마지 막으로 1913년부터 총독부에서 실시한 의생시험을 준비하는 데 필요한 수험서를 만들었다.[1] 이러한 이유로 행림서원의 창업자 이태호는 근현대 한의학의 정체성을 확립하는 데 이바지한 출판 인으로 꼽힌다.

행림서원의 출판은 한의서의 대량공급 체제를 구축하는 데 큰 영향을 미쳤다. 이전에는 한의서가 소량의 필사본으로만 전해졌기 때문이다. 행림서원은 출판과 함께 책 판매도 병행했다. 일견 서점이라기보다 한방용품 상점으로 보였을 법한데, 한의대생과 한방에 관심 있는 이들이 반드시 들르는 곳이었다.

　해방 후 이태호는 전국에 흩어진 한의학 관련 자료들을 수집하는데, 이때『사암도인침구요결舍岩道人針灸要訣』을 발굴했다. 오늘날 한의학계에서 통용되는 침술은 이 책에 나오는 사암도인 침법을 바탕으로 한다 해도 과언이 아니다. 이태호가 숨을 거둔 뒤에는 아들 이성모와 손자 이갑섭이 가업을 이어받는데, 2007년 이태호의 원고 더미에서 송시열의『삼방촬요三方撮要』를 찾아낸 일은 상당한 화제가 되었다. 이는 전란 가운데서도 백성들이 우리나라 약재만으로 병을 치료할 수 있게 하기 위해 펴낸 책으로 350여 년 만에 세상의 빛을 본 소중한 자료다.[2]

세계를 향해 열린 창, 외국서적 전문서점

아쉽게도 해방 직후까지 행림서원처럼 독자적인 노선을 걸은 전문서점은 찾아보기 어렵다. 이후 등장한 전문서점은 쏘피아서점인 듯하다. 현재도 운영 중인 이 서점은 1957년 문을 연 국내의 유일무이한 독일어 책 전문서점이다. 60여 년간 독일어 책만 취

개업 때부터 지금까지 사용하고 있는 쏘피아서점의 간판. 그리고 개업 당시 백환규 대표와 지인들이 함께 찍은 사진. 이곳은 해방 이후 처음 등장한 전문서점이자 국내의 유일무이한 독일어 책 전문서점이다.

급할 만큼 뚝심 있는 곳이다.

창업자는 평북 신의주 출신의 백환규 대표로, 청년 시절 헤르만 헤세에 반한 그는 독일어를 배우기 위해 일본 유학을 떠나 조치대학에 입학한다. 하지만 그는 대학에 들어간 지 1년 만에 학도병으로 차출되고 만다. 해방 후 그는 서울 대광고와 숭실대 등에서 독일어를 가르치다가 서점을 차렸다. 이때 조치대학의 또 다른 이름인 '소피아 대학Sophia University'에 착안하여 서점 명칭을 쏘피아로 결정했다고 한다. 1995년 서울 명동에서 충정로로 이전하기 전까지 쏘피아서점은 '명동 속의 독일'이었다. 지금은 창업자의 아들 백용현 대표가 서점을 운영하고 있다.

쏘피아서점은 한국에서 독일 문학과 독일어를 공부하는 이들이 반드시 알아야 하는 두 곳 중 하나였다. 남산의 주한독일문화원이 독일과 한국을 이어주는 창구였다면, 쏘피아서점은 독일어를 가슴에 품은 이들에게 마음의 고향이자 지식의 보고와도 같은 곳이었다. 독문과 학생과 학자뿐만 아니라 예술가와 법학자도 이곳을 드나들곤 했다. 이들이 쏘피아서점에서의 추억을 언급한 일도 꽤 있었다. 예를 들어 연세대 독문과를 나온 후 음악 칼럼니스트로 활동하는 정준호 작가는 괴테의 작은 소설집 『헤르만과 도로테아』를 쏘피아서점에서 구입한 추억담을 남겼다. 2021년에 『꿈꾸고 사랑했네 해처럼 맑게』라는 에세이를 낸 독문학자 전영애는 대학 시절 아르바이트를 해서 번 돈을 들고 쏘피아서점에 들른 경험담을 남기기도 했다.

명동에 들어선 또 다른 외국서적 전문서점으로는 중화서국이 있다. 1960년대 후반에 개업한 중화서국은 대만 책을 판매했는데, 그 뒤를 이어 서울의 창덕궁 맞은편에 알타이하우스라는 중국도서 전문서점이 문을 열었다. 《한겨레》 1989년 11월 24일자 기사에 따르면, 알타이하우스는 "중국의 고서를 비롯 만주어, 위구르어, 몽고어 등 알타이어 계통의 책만을 '16년째' 팔"았다고 한

중국 고서를 비롯해 만주어, 위구르어, 몽고어 등 알타이어 계통의 책을 전문으로 취급한 서점 알타이하우스. 이곳은 세계적인 인류학자 클로드 레비스트로스가 1981년에 방한하여 방문했을 만큼 전문가 사이에서 명성이 높았다고 한다.

다.[3] 이로 보건대 이곳은 1970년대 초반부터 영업을 시작한 듯하다. 아쉽게도 알타이하우스나 이곳의 대표인 조헌준에 대해 알려진 사실은 극히 적다. 다만 1993년 간행된 『서울 북맵』에 알타이하우스가 등장하는 걸로 봐서는 최소한 1990년대 초·중반까지 문을 열었던 것으로 보인다.[4]

이어서 1990년에는 중국 도서 전문서점으로 동문선중국원서점이 문을 연다. 창업자는 1970년대에 외항선 기관사로 근무하다가 출판업계로 뛰어든 신성대였다. 7년 동안의 선원 생활을 뒤로한 채 그는 1985년에 민속학자 심우성이 운영한 서낭당이라는 출판사를 인수해 도서출판 동문선을 차렸다. 동문선중국원서점은 처음에 중국 관련 책을 출간했고, 이후 '문예신서' 시리즈를 통해 한국의 중국학과 민속학의 지평을 넓히는 데 크게 기여했다. 덕분에 한국 학계가 중국학에 눈떴으니, 동문선중국원서점은 한중 학술

교류의 창구를 연 셈이다.

이때는 중국과 정식 수교를 맺지 않은 시기라 한국에서 중국 책을 구하는 게 상당히 어려웠다. 다만 88올림픽을 거치면서 해빙 무드가 조성되어 중국에 대한 경계가 조금씩 느슨해지고 있었다. 중국학 책을 펴내면서 한국 학계의 뜨거운 관심을 목도한 신성대 대표는 1990년에 중국어 책를 취급하는 동문선중국원서점을 열었다.

지금도 마찬가지지만 중국은 출판을 엄격히 통제하는 나라였다. 출판사도 모두 국영 기업이라 일정 부수를 발행하고 나면 거의 재판을 찍지 않았다. 중국 출판물 일부가 홍콩으로 흘러들어오더라도 금세 동이 나고 말았다. 이런 탓에 동문선중국원서점은 어렵게 구한 중국어 책 가운데 가치 있거나 희귀한 것을 따로 모아 '중국학정보센터'를 만들어보려는 야심찬 기획을 했다. 하지만 IMF 등의 여파로 1999년에 서점은 문을 닫고, 도서출판 동문선만 남게 된다.

동문선중국원서점의 개점 이후 천안문서점, 동방예술사, 삼련서점 등 중국 도서 전문서점이 잇따라 등장했다. 이 중에서 1991년 개업한 삼련서점은 규모 면에서 압도적이었다. 홍콩에서 중국 관련 책을 공급받아 판매한 이곳은 20만여 권의 중국 책을 보유했고, 동문선중국원서점이 이루지 못한 중국학정보센터를 표방했다. 삼련서점 대표인 김명호는 원래 건국대학교 중문과 교수로 재직했으나 서점 운영을 위해 학교를 그만둔 지식인이다. 2012년부터 그는 20여 년간 중국을 오가며 들은 이야기와 본인이 수집한 자료를 바탕으로『중국인 이야기』시리즈를 내고 있다.

그렇다면 왜 1990년대 초반에 중국 도서 전문서점이 집중적으로 나타난 것일까. 가장 큰 이유는 '북방외교'의 활성화 덕분인 듯하다. 노태우 정부가 1988년부터 추진한 북방외교는 중국, 소련, 동유럽, 북한 등 사회주의 국가와의 관계를 개선함으로써 한반도 평화와 경제 이익을 도모하는 데 그 목적이 있었다. 그간 중국 관련 책들은 이념 통제로 판매금지 처분이 내려졌기에 구입이 쉽지 않았다. 그런데 해빙 무드가 조성되자 베일에 싸인 중국(중공)을 알고 싶어 하는 욕구가 급증했다. 이런 상황에서 중국 도서 전문서점이 출현하면서 그동안 막혀 있던 정보의 통로가 대중에 개방된 것이다.

한편 미군 기지 근처에 개점한 외국서적(주로 영문 서적) 전문서점도 빼놓을 수 없다. 포린북스토어Foreign Bookstore는 1974년 문을 연 중고서점으로, 미군 부대에서 나오는 것은 뭐든 돈이 되던 시절에 이곳에서 흘러 나온 책과 잡지를 팔았다. 영어 책이 귀하던 때라 영어 공부를 하려는 이들이 이 서점을 자주 찾았다. 나중에 종로서적과 교보문고 같은 대형서점이 본격적으로 외국서적을 수입해 팔기 전까지 포린북스토어는 영어 책을 공급한 '보이지 않는' 문화 전파상이었다. 서울시가 2015년 포린북스토어를 서울미

1974년 이태원에 문을 연 포린북스토어. 이곳은 영어 원서를 중심으로 한 외국서적을 공급한 '보이지 않는' 문화 전파상 역할을 했다. 2015년에는 서울미래유산으로 지정되었다.

래유산으로 선정한 까닭이다.

한 세기 가까이 주한미군 용산 기지와 마주 보며 이태원에서 포린북스토어를 운영한 최기웅 대표는 원래 책 중개상이었다. 청년 시절 그는 미군 부대 인근의 고물상과 쓰레기장을 돌며 책을 수집한 뒤 명동 달러골목에 있는 책방 서너 곳에 물건을 댔다.[5] 이후 그는 외국 책들을 넘겨보며 키운 안목을 바탕으로 중고서점인 포린북스토어를 차린다. 포린북스토어가 1970~80년대에 미군 피엑스PX(군부대에 있는 매점)에서 흘러 나온 백화점 카탈로그를 낙원동 가구 거리, 소공동 양복점 거리, 세운상가 등에 공급한 점은 상당히 이채롭다. 당시 미국의 백화점 카탈로그는 산업디자인 정보가 가득 담긴 지식의 보고였다. 알게 모르게 포린북스토어는 한국의 산업디자인 발전에 적지 않은 영향을 미친 셈이다.

서점의 시대

엔지니어들의 지식 보고, 과학기술 전문서점

전문서점은 시대의 초상을 반영한다. 당대의 지적 관심이 어디에 있는지를 보여주는 바로미터이기 때문이다. 산업화 시대에는 과학기술을 다룬 전문서점이 많았다. 대표적인 곳이 세운상가에 들어선 세운기술서적이다. 1968년에 문을 연 세운기술서적은 세운상가로 몰려든 전국의 전파상들을 대상으로 기술 관련 책과 잡지를 판매했다. 2020년에 문을 닫았으니 무려 반세기 동안 기술서적과 함께해온 셈이다. 세운기술서적의 간판은 의자로 재탄생해 세운상가 공중보행교에 보존되고 있다.

이 서점에서 인기가 많은 책은 일본에서 출간된 기술서적이었다. 일본의 기술 잡지 《트랜지스터 기술トランジスタ技術》은 가장 많이 찾는 상품 중 하나였는데, 한때는 매월 200~300부가량 팔릴 정도였다. 세운기술서적의 1대 사장인 이병률 대표의 증언에 따르면, 이 책을 발행한 CQ출판 전무가 찾아와 판매 비결을 물어보기도 했다고.[6]

1960년대는 과학기술진흥법 제정과 과학기술연구소 창립 등을 통해 과학기술을 진흥한 시대였다. 그리고 이 시기에 설립된 문운당, 고문사, 겸지사, 가남사, 여문각 등의 출판사에서는 기술서적을 펴내기 시작했다. 세운기술서적이 등장한 이면에는 이와 같은 기술서적의 출판, 그리고 기술 지식에 대한 시대적 요구가 있었다.

《아마추어 서울 7호: 조은영의 장사동》에 수록된 세운기술서적의 사진(위). 이곳
은 반세기 동안 그 역할을 다하고서 2020년 문을 닫았다. 다만 서점의 간판만은
아래의 사진처럼 세운상가의 공중보행교에 보존되어 있다.

　서울의 동네 지도를 만드는 '아마추어 서울'이 기록한 세운기술
서적의 이야기는 절절하다. 아마추어 서울은 세운기술서적의 2대
사장인 조은영 대표와 인터뷰하여 이 서점의 역사와 소소한 에피
소드를 《아마추어 서울 7호: 조은영의 장사동》이라는 기록물로
남겼다. 여기 수록된 서점의 전면 사진을 보면, 세운기술서적의

예스러운 간판 아래에 쇼윈도가 있고, 철제 선반에 꽂힌 책들은 수년간 햇빛을 받은 탓에 빛이 바래고 표지가 말려 있다. 유리문 안쪽으로는 벽면을 가득 채운 책장들이 있다. 책은 입구에서부터 컴퓨터 서적, 기술서적, 일본 잡지의 순서대로 진열했다. 주로 일본어 책을 취급했기에 일본어를 잘 모르는 이들에게는 상당히 낯선 공간이었다.[7]

세운기술서적의 뒤를 이어 등장한 서점은 1978년 11월 서울 광화문 근처에 개점한 '과학기술 도서의집'이었다. 이곳은 과학기술 도서출판협의회에 소속된 62개 출판사의 책을 판매하는 과학기술 전문서점이었다. 이는 1970년대에 산업도서출판공사, 대광서림, 성안당, 기전연구사, 청문각, 한국이공학사 등 과학기술 전문 출판사가 잇따라 출현했기에 가능한 일이었다. 전국민 과학화운동이 전개된 시기라는 점 또한 과학기술을 다루는 전문서점이 등장하는 계기가 되었을 것이다.

과학기술서적에 대한 관심은 1990년대에 컴퓨터 전문서점의 등장으로 이어진다. 1987년에 개장한 용산전자상가에는 컴퓨터 관련 책만 전문으로 취급하는 서점들이 몰려 있었다.[8] 컴퓨터의 대중화와 함께 국내 최대 규모의 전자 제품 상가였던 용산전자상가에 컴퓨터 관련 서적 전문서점이 대거 들어선 것이다. 대신서적, 정보서적(이상 원효상가), 신진컴퓨터서적(터미널상가), 첨단서적(나진상가), 선인서적(선인상가) 등이 컴퓨터 지식에 대한 대중적 수요를 채워주는 장이 되었다. 이전까지 컴퓨터 관련 서적은 출판의 주류와 거리가 있었는데, 1990년대 출판계에 컴퓨터 관련 서적 출판 붐이 일면서 이런 전문서점에서 다양한 책을 판매할 수 있었다.

어린이 전문서점 붐이 시작되다

국내 최초의 어린이 전문서점은 동네 아이들에게 '가을 아줌마'로 유명했던 추조자 대표가 운영한 가을글방이다. 서점 이름은 자신의 성인 가을 추秋 자를 한글로 옮긴 것이다. 그는 1977년부터 서울 반포에서 일반서점을 운영했는데, 1984년 5월 5일 무렵 이곳을 어린이 전문서점으로 바꾸었다. 하지만 시기상조였던 모양인지 이 서점은 그리 오래 가지 못했다. 이후 추조자 대표는《계간 어린이》를 발간하는 등 어린이 문화운동에 힘쓴 걸로 보인다.

어린이 전문서점은 1990년대에 새로운 트렌드의 전문서점으로 본격적으로 등장한다. 1990년 크리스마스에 문을 연 '초방'이 사회적 영향력과 파급력 면에서 어린이 전문서점의 효시일 것이다. 서울의 이화여대 후문 앞 골목길에 자리한 초방은 개업하자마자 사람들의 입소문을 타면서 화제를 불러 일으켰다. 일반적인 서점의 주요 수입원인 참고서와 학습서를 비치하지 않은 채 그림책과

사회적 영향력과 파급력 면에서 어린이 전문서점의 효시인 초방의 2002년경 모습. 어린이 전문서점은 1980년대에 붐이 일면서 전국적으로 대거 확산되는데, 초방은 그 붐을 이끌어 나간 서점이다.

동화책으로만 서가를 채운 서점은 이곳이 처음이었기 때문이다. 초방은 여느 서점의 어린이 코너와 서가 구성이 달랐다. 유아용, 초등학교 저학년용, 초등학교 고학년용으로 서가를 분류했고, 유아용 서가는 더 세분화해 0~2세, 3~4세, 5~6세로 나누어 짰다. 당시로선 찾아보기 힘든 서가 구성이었고, 이는 대중들에게 매우 낯설면서도 신선한 것이었다.

초방의 설립자인 신경숙 대표는 두 아이의 엄마로 '어린이책만 파는 서점'을 꿈꿨다. 그는 미국에서 지내는 동안 수준 높은 그림책을 보면서 감동을 받았고, 귀국 후 작지만 알찬 양질의 그림책을 비치한 서점을 꾸릴 준비를 했다. 서점 이름은 쌍둥이 딸의 애칭인 초롱이와 방실이의 앞 글자를 딴 것이다. 초방은 부모와 아이가 여러 책들을 뽑아가며 좋은 책을 고르도록 권했다. 서점에 비치한 대부분의 책은 어린이도서연구회 등이 선정한 것이었다.

이후 강릉, 대전, 이리, 전주, 남원, 목포, 부평, 천안에 초방 가맹점이 생겼다. 그 여파는 상당해서 이후 동화나라(서울), 산샘(서울), 어린이나라(안양), 여우오줌(고양) 등의 어린이 전문서점이 전국 각지에 세워진다. 언론에서는 1998년에 60여 곳의 어린이 전문서점이 들어섰다고 보도한 바 있다.[9] 어린이 전문서점은 일종의 연쇄 작용을 일으키며 확산되었다. 예를 들어 경기도 수원에서는 초방의 영향으로 '꿈의나라'라는 어린이 전문서점이 생겼는데, 이곳을 아지트 삼아 그림책 읽기 모임인 '해님달님'이 꾸려진다. 그리고 모임의 멤버 중 하나가 부산에 '책과아이들'이라는 서점을 차린다.[10] 초방→ 꿈의나라→ 해님달님→ 책과아이들로 이어지는 그림책 네트워크가 만들어진 셈이다.

어린이 전문서점의 붐은 흡사 2010년대 이후의 독립서점 열풍과 견줄 만했고, 서점 전문화의 불을 지피는 계기도 되었다. 이때부터 서점은 지역 주민을 위한 프로그램을 운영하면서 문화의 중심으로 떠오르기 시작한다. 초방의 경우 분기마다 그림책 전시회를 열었고, 정기적으로 추천도서 목록을 발간했다. 각 지역에서 '작은도서방열기운동'을 추진한 점도 이채로운데, 서점 공간이 문화운동의 구심점으로 활용된 것이다.

그런데 문제는 책 선정이었다. 그때까지 한국 출판계는 전집류 위주로 아동도서를 만들어왔다. 1980년대에는 '재미있는 어문각 픽쳐북스' 시리즈(1981), '그림나라 100' 시리즈(1978~89), '어린이

마을' 시리즈(1981~84) 등 당시로선 수준 높은 책들이 출간되었지만, 서양 그림책 이미지를 복제한 듯한 한계는 여전했다. 최초의 어린이 전문서점이었던 가을글방이 성공하지 못한 것은 이처럼 그림책 장르에 대한 인식이 부족했기 때문이기도 하다.

그림책은 이미지를 압축해 담은 책이다. 그림책 읽기는 작가가 한 장마다 압축한 상상력을 독자가 스스로 해석해내는 과정의 연속이다.[11] 한국에서는 1988년 통나무에서 출간한 『백두산 이야기』를 계기로 그림책에 대한 인식이 전환되었다고 본다. 1990년대 초반에 어린이 전문서점이 대거 등장한 것은 우연이 아니라 이와 맞물린 현상이었다.

비록 설립까지 이어지진 못했지만, 1970년대 후반에 어린이 전문서점을 만들려는 시도가 있었다는 점도 기억해둘 만하다. 그 주인공은 서울양서협동조합(이하 서울양협)의 조합원이었다. 당시 서울양협에서는 아동서적에 관심 있는 조합원들이 많아 '어린이도서연구회'라는 소모임이 결성되었다. 어린이도서연구회는 어린이와 책을 좋아하는 사람이라면 누구나 참여할 수 있는 조합원 모임이었다. 이들은 1979년 1월 27일에 가진 이오덕과의 만남 이후 무언가를 해보자는 의견을 모은 뒤 어린이 전문서점을 만드는 프로젝트에 착수한다.[12]

이들이 구상한 서점은 어린이가 마음껏 책을 본 다음에 고를 수 있고, 책에 대한 이야기를 자유롭게 나눌 수 있는 공간이었다.[13]

지금은 이런 개념의 서점이 익숙하지만, 1970년대 문화 지형에서는 매우 낯선 것이었다. 문제는 인프라였다. 어린이도서연구회 회원들은 6개월간 아동서적을 조사했으나, 북 큐레이션을 할 만한 아동서적이 거의 없고 그나마 출간된 책들은 조잡했다. 결국 이들은 여러 여건을 고려한 끝에 어린이 전문서점 설립을 포기한다. 이후 어린이도서연구회는 활동 방향을 틀어 서울 마포구에 마을 어린이도서관을 설립하는 데 상당한 영향을 미쳤다.

전문성을 넘어서 가치를 발견하는 곳으로

지금까지 소개한 곳 외에도 전문서점은 매우 다양한 분야에 걸쳐 분포했다. 광화문 사거리 한 귀퉁이에 있던 포토박스는 한때 국내 유일의 사진 전문서점으로 유명한 곳이었다(1993년 충무로로 이전했다). 포토박스는 사진집, 사진 이론서, 사진 잡지 등 사진 관련 책들을 다수 갖춘, 사진 애호가들의 오아시스 같은 곳이었다. 이중 상당수가 다른 서점에서 쉽게 볼 수 없는 외국서적이었다. 김주혁 대표가 책을 발굴하여 판매하겠다는 철학으로 직접 해외에 나가 책을 구해왔기에 가능한 일이었다.[14]

국내외의 악보, 음악 이론서, 음악 사전, 음악가 평전, 음악 잡지 등을 비치한 음악 전문서점은 그야말로 '음악을 읽는 공간'이다.

그 대표적인 곳으로 1962년에 개업한 대한음악사를 들 수 있다. 창업자인 신재복 대표는 함경도 출신의 월남민으로, 서울 남대문 시장에서 장사를 하며 대학을 마쳤다. 그는 바이올리니스트 안병소가 운영한 악보 가게를 인수해 대한음악사를 차렸다. 명동에서 오랫동안 자리를 지킨 이 서점은 음악인들에게 '작은 음악도서실'로 통했다.[15] 1993년에는 예술의전당에 지점을 냈는데, 2016년 이 지점이 본점과 통폐합되어 사라지고 만다.

홍대 앞 거리의 명소였던 한양문고도 전문서점으로 빼놓을 수 없다. 1997년에 개점한 이 서점은 20여 년 동안 '오타쿠의 성지'였고, 2000년 이후에는 한양툰크라는 이름으로 만화책 애호가들에게 널리 알려졌다. 만화 문화가 척박하던 시절에 한양문고는 만화책 애호가들이 소통하는 사랑방 구실을 해서, 아마추어 만화 모임이나 동인지 행사 등도 자주 열렸다. 서브컬처를 향유하는 공간으로 만화책 전문서점이 자리했다고 할 수 있을 것이다.

이후로는 전문서점의 종류와 모습이 더욱 다양해졌다. 위트앤시니컬(시집), 어독어북(반려동물), 역사책방(역사), 소요서가(철학), 슈뢰딩거(고양이), 이나영책방(북한학), 처음책방(초판본과 창간호), 미스터리 유니온(추리소설), 햇빛서점(퀴어), 산책아이(생태) 등 다채로운 전문서점이 새로이 들어선 것이다. 여기서 주목하고 싶은 것은 전문서점의 패러다임이 책 자체의 전문성을 넘어서 이야기와 가치를 발견하는 공간으로 변모하고 있다는 사실이다. 퀴어 서

2015년 서울 이태원에서 문을 연 뒤 LGBT 관련 책들을 소개한 햇빛서점. 이 시기의 전문서점들은 비치하는 책도 전문적이었지만, 이야기와 가치를 발견할 수 있는 공간으로서의 역할도 한껏 하게 된다.

점에서 정체성에 대한 고민을 나누고, 고양이 책방에서 동물 보호에 대한 이야기를 공유하는 식이다. 이러한 변화는 독립서점의 등장과 함께 일어난 현상일 것이다. 지식 분야를 10개로 분류한 듀이 십진분류법을 넘나들면서 타자에 대한 상상력을 확장할 수 있는 전문서점이 더욱 많아지기를 고대해본다.

서점의 시대

6장

대형서점과 온라인서점의 등장

서점업계는 해마다 1만여 종씩 홍수처럼 출판되는 도서들을 질
서 있게 충실히 진열할 수 있도록 서점의 대형화를 적극적으로
추진해야 할 것이다.[1]

해방 이후 출판시장은 세 가지 숙제를 떠안고 있었다. 그것은
대형 도매업체 설립, 도서정가제 실시, 서적의 덤핑 근절로, 이들
은 사실상 도서 유통을 관통하는 사안이었다. 지금까지 살펴보았
듯이 식민지 조선에서는 출판사→서점→구매자의 경로로 책이
유통되었다. 그런데 출판사가 서점을 병행하는 경우가 많았으므
로 출판사→출판사 직매점→구매자의 경로를 밟기도 했다. 즉
이 시기까지만 해도 출판사가 제작한 책을 전국 각지의 서점에 공

급해주는 서적 도매상이 없었던 것이다.

서적 도매상은 출판사와 서점을 중개하면서 책을 유통한다. 이들이 없다면 출판사는 전국의 서점에 책을 배송하고 책값을 회수하느라 골머리를 앓을 것이다.[2] 지식의 생산-유통-소비에서 서적 도매상의 역할은 막중한데, 출판의 역사를 논할 때 그 중요성에 비해 주목받지 못하고 있다. 그렇다면 한국의 첫 서적 도매상은 어디일까. 1931년에 설립한 뒤 1950년대 잡지문화와 1970년대 문고본 붐을 주도한 삼중당서점이다. 해방 후인 1945년 11월에 삼중당서점은 정가의 5퍼센트를 수수료로 받고 여러 서점에 책을 공급하면서 본격적인 서적 도매상의 길을 열었다.[3] 이후 각양각색의 서적 도매상들이 연이어 생기면서 출판유통 시스템이 체계화되기 시작한다.[4]

해방과 전쟁을 거치며 재편된 서점업계

안타깝게도 출판유통 시스템이 어느 정도 정착될 즈음 한국전쟁이 발발한다. 전쟁의 여파로 책 수요가 감소한 것은 물론이고 출판사의 대금 회수도 어려워졌다. 그 타개책으로 등장한 것이 덤핑인데, 이는 원래 창고에 쌓인 재고도서를 처분하기 위한 수단이었다. 그런데 잘 팔리는 책만 골라 아예 처음부터 덤핑용으로 조잡

서점의 시대

하게 만들어 판매하는 출판사가 늘면서 시장 질서가 악화되기 시작한다. 1950년대 중반부터 서울 동대문 인근의 대학천 서점가는 덤핑의 온상으로 유명했는데, 이 때문에 근방의 다른 서점들이 속속 문을 닫게 된다. 결국 을지로, 충무로, 종로 등지의 서점 상당수가 폐업하여 심각한 서점 부재 현상이 일어나고 만다.

무분별한 덤핑으로 도서 유통이 마비될 지경에 이르자 도서정가제를 주장하는 목소리가 속속 등장한다. 사실 이러한 요구는 식민지 시기에도 있었다. 1923년 대구에서 결정된 '도서정가판매 실행기성동맹회'는, 누가 참여했고 무엇을 주장했는지는 정확히 확인하기 어렵지만, 도서정가제에 대한 요구가 일찍부터 존재했음을 보여준다.[5] 해방 이후 도서 유통의 혼란이 이어지자, 1962년 8월에 전국서적상연합회는 서점인 단합결의대회를 열어 도서정가 판매와 저질도서 추방, 그리고 양서 보급을 표방하는 운동을 결의한다. 하지만 출판시장의 고질적 문제를 막기란 역부족이었다.

그러다가 1969년 7월에 한국출판금고(현 한국출판문화진흥재단)가 결성되는데, 이곳에서는 영세 출판사를 지원하기 위한 다방면의 정책을 마련한다. 그 일환으로 1972년 9월 5일 국내 서적을 총망라한 상설 도서전시장인 중앙도서전시관을 개관한다.[6] 당시 대부분의 서점 규모가 15평 남짓이었으니, 130여 평의 중앙도서전시관은 대형서점의 효시일 것이다. 지금은 500평 이상의 서점을 대형서점으로 분류하지만, 1970년대 초반에 서점 규모가 130여

평이라는 것은 어마어마한 일이었다. 게다가 중앙도서전시관은 전시부와 판매부를 두었고, 도서상담실에 사서 자격을 갖춘 직원을 배치하는 등 서점으로서의 전문성도 돋보였다.

중앙도서전시관은 문예서림과 학창서림 등 극소수의 서점에서만 실시하던 도서정가제를 공공연히 선언함으로써 도서 유통에 새로운 바람을 불러일으켰다. 우려와 달리 정가 판매만으로 당초의 예상액을 뛰어넘는 매상(하루 15만여 원)을 올릴 수 있었다. 이러한 성공에 힘입어 출판계에서는 도서정가제 운동을 개진한다. 1972년 9월 중순에 동아출판사가 도서의 정가 판매를 선언한 뒤로 현암사가 할인판매를 하지 않겠다는 입장을 밝힌다.[7] 이 여파로 많은 출판사들은 과도하게 매긴 책값을 적정 가격으로 재조정한다. 중앙도서전시관이 불러온 새 바람은 1977년 12월 1일 도서정가제가 실시되는 밑거름이 되었다.

도서정가제는 서점을 매개로 한 유통구조를 안정화하는 중요한 토대였다. 도서정가제가 실시되자 1978~79년에 서점 창업이 급증하는데, 이러한 추세는 1980년대 초반에 소강상태에 접어들다가 1985~86년에 다시 급증한다. 가령 1984년에 집계된 서점 수는 3679개인데, 이는 1976년에 비해 20퍼센트나 증가한 수치다. 그리고 1980년대 중반 곳곳에 사회과학서점이 세워지면서 다시 서점 수가 늘어난 것이다.

한편 서점의 급증과 함께 나타난 현상은 서점의 매장 확장이다.[8] 한국전쟁 이후 서점가는 '동질성의 단순 확대'가 이어졌다. 즉 규모의 영세성을 벗어나지 못한 채 비슷한 유형의 개성 없는 서점들이 우후죽순 생겨난 것이다. 규모가 작기에 진열 공간도 부족했고, 어느 때부턴가 신간이 제대로 비치되지 않는 악순환이 거듭되었다. 그런데 중앙도서전시관에서 쏟아져 나오는 신간을 완비하자 서점 공간의 확충이야말로 문화의 민주화를 실현하는 길이라는 담론이 일각에서 등장한다. 종로서적센터(이하 종로서적)의 개점은 중앙도서전시관의 선전과 함께 이러한 흐름에 박차를 가하는 계기가 된다.

독창적인 서비스를 선도한 종로서적

1963년에 문을 연 종로서적은 한때 한국의 서점문화를 주도한 곳이다. 이곳은 서울 시내의 대표적인 약속 장소로도 유명해서 서점 앞 지하보도 입구에는 늘 사람들이 붐볐다.

종로서적을 일군 이는 경성제국대학 출신으로 숭실대 철학과 교수를 지낸 장하구와 그의 동생 장하린 형제였다. 종로서적의 직접적인 출발점은 1963년 장하구의 종로서관 인수이지만, 서점의 정체성은 예수교서회(1907)→교문서관(1931)→종로서관(1948)→종로서적센터(1963)로 그 계보가 이어진다. 이 때문에 종로서적은 보통 '1907년'에 시작되었다고 말한다.

이 서점을 이끈 장하구는 평북 신의주 출신의 월남민이다. 짧게나마 일본 조치대학에서 독일 문학을 공부한 그는 1948년에 독일어 교과서인 『도이취말 교본』을 집필할 만큼 독일어에 대한 식견이 상당했다(이 책은 공교롭게도 그의 사돈인 김상배 장로가 운영한 종로서관에서 출간되었다). 장하구는 1955년에 신학을 공부하기 위해 독일로 떠났다가 어머니의 병환으로 학업을 마치지 못한 채 귀국한다. 이후 다시 독일로 돌아가 공부를 마치고 싶었지만 상황이 여의치 않았다. 결국 그는 1960년 4·19혁명을 기점으로 출판업에 본격적으로 뛰어든다.[9]

종로서적이 서점계에 미친 영향은 광범위하다. 이곳은 손님의 방문만을 기다리는 수동적인 서점이 아니라 경영 방식, 매장 규모, 서비스 등을 적극적으로 개선하며 끊임없이 발전하는 서점이었다. 서점이 고풍스러워야 한다거나 뒷골목에 있어야 한다는 통념을 깨뜨린 것도 종로서적이었다. 이를 위해 장하구는 네온사인이 빛나는 알루미늄 간판을 만들었다. 또한 책을 정밀하게 분류해서 진열했고, 각종 표지판을 산뜻하게 달았으며, 클래식 음악이 흐르는 공간을 조성했다. 고객이 책을 보고 싶은 분위기를 조성하기 위한 방편이었다.[10] 직원 유니폼을 통해 서비스 개념을 도입한 것도 이채롭다. 유니폼 덕분에 직원을 쉽게 알아볼 수 있었고, 이는 적극적인 서비스를 제공하겠다는 의지의 표현이었다. 한마디

《내외 출판계》 1976년 12월호에 실린 종로서적 사진. 그리고 독서 정보를 제공하기 위해 발행해 무료 배포한 계간 《종로서적》의 창간호(1978년 가을호) 표지. 유니폼을 입은 직원들 모습이 표지 사진으로 활용되었다.

로 종로서적은 혁신적 시도를 통해 당대 서점의 새로운 이미지를 창출했다.

1978년 10월부터 《종로서적》이라는 사보를 계간으로 발행한 점도 눈에 띈다. 서점의 역사에서 종로서적이 미친 영향이 큰 만큼 이곳의 사보 역시 매우 중요한 사료다. 책을 집필하는 과정에서 이를 구하기 위해 백방으로 수소문해봤지만 소용없었다. 그러다가 우연찮게 한 수집가의 블로그에서 사보의 표지를 확인할 수 있었다. 표지에는 베이지색 유니폼을 입은 직원들이 매장 구석구석에서 찍은 단체 사진들이 실려 있다. 서점 내부를 파노라마 방식으로 소개하여 서가의 풍성함과 다채로운 서비스를 보여주려 한 듯하다.

초창기 종로서적은 교과서와 문제집 유통을 주도하면서 성장 기반을 다졌던 것으로 보인다. 이를테면 1960년대 중반에 『표준영어』의 총판을 자임했으며, 이 책의 지역 유통은 대한도서(부산), 문화서점(대구), 청운서관(인천), 단골서점(수원), 동방서림(천안), 국제서점(대전), 동아서점(원주), 삼복서점(광주), 문성당(전주) 등이 맡았다. 종로 일대의 약속 장소로 자리를 잡으면서 단골이 늘자 1979년 10월 종로서적은 300평의 매장을 500평 규모로 확장하고, 서가에 8만여 종의 국내외 서적을 비치한다.[11] 또한 이를 기념하고자 '영미 아동도서 특별전시회'를 열어 문화공간으로서의 면모도 선보인다.

대형서점의 전형을 이룬 만큼 종로서적이 집계한 베스트셀러는 1970~80년대 출판시장의 흐름을 파악할 때 반드시 참조해야 하는 지표였다. 가령 이 시기에 《매일경제》는 중앙도서전시관과 종로서적의 판매 추이를 근거로 베스트셀러 순위를 매겼다. 또한 1990년대에 종로서적은 국내 최초로 국제표준번호ISBN, International Standard Book Number와 판매시점정보관리POS, Point Of Sale System 제도를 활용한 도서정보 시스템을 구축한다. 이는 1988년부터 자체적으로 데이터베이스를 만든 노하우가 있었기에 가능한 일이었다. 여러모로 종로서적은 서점문화의 선구자 역할을 한 셈이다. 그러나 어느 시점부터 종로서적은 시대의 변화를 따라가지 못한다. 설령 변화를 감지했더라도 그 대처가 너무 안이했다. 결국 2002년에 부도로 문을 닫고 만다.

서점의 대형화 물결이 일다

중앙도서전시관과 종로서적의 매장 규모는 서점의 대형화에 자극을 주었다. 영세한 서점들이 해마다 증가하는 신간 물량을 감당하지 못하는 상황에서 출판사들은 내심 대형서점의 출현을 갈망했고, 독자들도 원하는 책을 마음껏 선택할 수 있는 공간이 만들어지길 원했기 때문이다.

1977년 4월에 240평 규모로 개점한 동화서적은 서점의 대형화에 불을 댕겼다. 동화서적은 7층짜리 건물의 5층까지 서가를 채우고 책을 진열했다. 1층은 잡지, 아동, 취미, 2층은 문학과 인문학, 3층은 사회과학, 4층은 자연과학 서적을 취급했고, 5층에는 독서 안내실과 복사 코너를 두었다. 국내 간행물을 총망라한 덕분에 고객들은 원하는 책을 찾아 여러 서점을 돌아다니지 않아도 되었다. 동화서적은 회원제와 전화 주문제 등 새로운 서비스를 도입해 서점문화의 트렌드를 주도했으며, 저작권 개념이 거의 없던 시

교보문고는 규모에서도 주목할 만하지만, 서비스 측면에서도 과거와 다른 장을 열었다. 서점 한쪽에 앉아 책을 읽는 독자들이 대거 등장했고, 여름철 더위를 피해 이곳을 찾는 이들이 기사화되기도 했다.

절에 고가의 책을 복사해주는 서비스를 제공하여 큰 인기를 얻었다. 중앙도서전시관이 대형서점의 효시이고 종로서적이 대형서점의 전형이라면, 동화서적은 대형서점의 본격적인 출현을 알린 것이다.

그다음으로 등장한 대형서점은 교보문고다. 1981년 6월에 개점한 교보문고는 1천여 평 규모에 60만여 권의 장서를 보유한 초대형 서점으로 주목받았다. 우려와 달리 해마다 20퍼센트 이상의 매출 신장을 달성하고 문화의 명소로 자리를 굳힘으로써 교보문고는 서점 대형화의 가능성을 열어젖혔다. 교보문고의 개업을 계기로 바야흐로 대형서점의 시대가 열리고 규모의 경쟁이 시작된다. 이에 자극받은 전주의 홍지서림은 1982년 35평짜리 매장을 100평으로 확장해 인구 40만 규모의 도시에서도 대형서점이 가능하다는 것을 보여주었다.[12]

서점의 대형화는 서점 기능의 확장과 경영 패러다임의 변화로 이어지는데,[13] 이를 견인한 것이 바로 교보문고였다. 교보문고는 국내 최초로 완전 개가식 서가를 만들어 고객들이 직접 책을 골라볼 수 있게 했다.[14] 또한 전문 인력과 장비를 갖춘 도서정보센터를 두고 고객들이 제목과 저자 등을 정확히 알지 못하더라도 관련 도서를 찾을 수 있는 서비스를 제공했다. 하루에 600여 통의 전화 상담과 100여 건의 대면 상담이 들어올 정도로 고객들의 반응은 뜨거웠다. 이러한 서비스는 향후 교보북클럽, 도서 검색 서비스, 온라인 판매, 북마스터 제도 등에도 영향을 미친다.[15]

그런데 대형서점의 출현을 모두가 반긴 것은 아니었다. 1980년 대에 교보문고는 여러 갈등의 중심에 있었는데, 특히 교보문고의 분점 개점에 대해 지역 서점들은 철시로 맞설 만큼 격렬히 반발했다. 그 발단은 1983년 4월 20일에 교보문고가 부산, 인천, 광주, 대전, 울산, 마산, 전주에 분점을 설립하겠다는 계획을 발표한 것이었다. 1985년 6월 광주, 대전, 전주의 서적상들은 이에 반대하는 궐기대회를 열었고, 이후 전국서적상연합회에 소속된 서점들이 철시에 나섰다. 전국의 서점이 일제히 철시에 나선 건 이때가 처음이었을 것이다.

전국서적상연합회와 교보문고는 대형서점과 소형서점의 공존 방안을 모색했으나, 입장 차이가 쉽사리 좁혀지지 않았다. 교보문고 측은 영업시간 제한을 양보하더라도 취급 품목 제한은 양보할 수 없다는 입장을 내비쳤다.[16] 지난한 협상 끝에 1987년 2월 전국 서적상연합회는 교보문고가 잡지 15종과 초중고 문제집을 취급 하지 않는 조건으로 분점 개설에 합의했다. 하지만 교보문고가 이 를 제대로 이행하지 않아 합의는 무산되고 만다. 1987년 6월 30일 교보문고는 6개 도시에서 일제히 분점 문을 열었으나 거센 반발 에 부딪혀 결국 휴업에 들어가야 했다.

한편 1986년 하반기에는 서점의 대형화 현상이 본격적으로 진 행되어서 100평 규모 이상의 대형서점이 10개에서 30여 개로 증 가한다. 이는 두 갈래의 형태로 나타나는데, 하나는 기존 서점의 매장 확장이었고 다른 하나는 대형서점의 신설이었다. 매장 확장 은 진열 공간의 부족을 해결하려는 기존 서점의 대응이었는데, 대 표적인 사례로 1987년 12월에 60평의 매장을 140평으로 확장한 홍익서적(서울)을 들 수 있다. 그밖에도 영광도서(부산), 삼복서점 (광주), 대한서림(익산) 등이 이 시기에 매장을 확장했다. 대형서점 의 신설 사례로는 1986년 9월 신촌 로터리 인근에 문을 연 신촌 문고(400평)와 1987년 3월 을지로입구의 내외빌딩 지하에 개점한 을지서적(180평)이 있다. 두 서점의 창립자는 각각 교보문고와 종 로서적에서 상무이사로 재직하며 서점 운영의 경험을 쌓은 전문 경영인이었다. 서점의 전문 경영 시대가 도래한 것이다.

대형서점의 강남 이전도 이 시기에 벌어진 주목할 만한 현상이 다. 시초는 1985년 5월에 종로에서 강남역 지하로 이전한 동화서적이었다. 이어서 1987년 12월에는 고속버스터미널역 지하 1층의 한가람문고(250평)와 1988년 1월 뉴코아백화점 신관 5층의 뉴코아문고(250평)가 강남의 대형서점으로 등장한다. 이들 두 서점은 대자본의 서점업 진출이라는 점에서 특이할 만하다. 1990년 11월에는 강남의 요충지인 신사동 사거리에 월드북센터가 개장한다. 서점의 공백 지대나 다름없던 강남에 이렇게 하나둘 대형서점이 들어서기 시작했다.

서점의 판매 전략, 특별 코너의 신설

대형서점이 미친 긍정적 영향 중 하나는 '서가의 문화'를 창출했다는 점이다. 서가는 인쇄 기술의 발달과 함께 책이 대중화되면서 책을 얹거나 꽂아둘 용도로 제작되었다. 재고가 늘어가는 서점에서도 책을 진열하기 위한 서가가 필요했다.[17] 이처럼 서가는 책들을 여럿 구비할 환경이 조성되면서 만들어진 것이다.

책을 진열할 공간이 턱없이 부족한 소형서점과 달리 대형서점에서는 서가의 일부에 특별 코너가 마련되었다. 특정 주제의 책을 모은 이 코너에서는 다른 서점과 차별화된, 그 서점만의 판매 전략을 엿볼 수 있다. 특별 코너의 목표가 서점 안 풍경에 변화와 강조를 주어 판촉을 돕는 데 있기 때문이다. 주제를 선정하고 그에 걸맞은 책을 선별한다는 점에서 대형서점의 특별 코너는 북 큐레이션에 기반한 판매 전략일 것이다. 이러한 특별 코너를 만들려면 예산, 기획, 목록 선별, 출판사와의 교섭, 홍보물 제작, 책의 반입과 진열, 반품, 판매 데이터 집계 등 경비와 수고가 든다. 준비 단계에서부터 종료 때까지 시간과 에너지를 쏟아야 하는 것이다.

특별 코너의 효시는 1980년 9월 1일부터 실시한 종로서적의 재고도서 전시 판매일 것이다. 해방 이후의 절판본과 품절본을 모아 특별 코너를 기획했는데, 을유문화사, 정음사, 일지사, 박영사 등 10여 개 출판사가 참여해 창고에 쌓아둔 책들을 전시했다. 출판사 입장에서는 재고를 처분할 수 있었고, 장서가와 수집가에게는 희귀본을 구할 좋은 기회였다. 서점도 고객을 끌어들여 판매를 촉진할 수 있으니 일석삼조였다. 더군다나 이 책들은 출판 당시의 가격대로 판매되었으니 책 가격도 부담스럽지도 않았다. 그런데 재고도서 전시 판매는 "서점 문이 열리기 전부터 문 밖에서 기다리던 고객들이 개장과 동시에 4층 고서 매장으로 뛰어들" 만큼 예상 이상의 인기를 끌었다.[18] 종로서적은 밀려드는 인파 때문에 당초 준비한 고서 안내를 하기 어려울 정도였다.

처음에는 비정기적 책 축제의 일환으로 시작한 재고도서 판매는 그 인기에 힘입어 대형서점의 상설 코너로 정착한다. 중앙도서전시관은 1985년 말부터 재고도서 상설 코너를 운영했고, 종로서적과 교보문고는 1986년 5월부터 이를 본격적으로 추진했다. 또

미국의 저널리스트 에드거 스노는 중국 공산당의 본거지인 연안에서 이들을 취재한 뒤 『중국의 붉은 별』(1937)을 펴냈다. 이 책은 중국에 대한 관심이 커진 1985년 국내에서 완역되어 '중공 안내서'로 소개되며 큰 주목을 받았다.

한 대형서점들은 다양한 특별 코너를 기획했는데, 서점의 대형화에 영향을 미친 종로서적은 특별 코너 기획도 선구적이었다. 이를테면 1982년 8월에는 일제강점기에 판매금지 처분을 받은 금서전시회를 열었다. 그다음 해에는 스테디셀러 코너를 신설했는데, 출판계에서 베스트셀러의 문제점에 대한 논쟁이 일자 이에 대응하려는 시도였다. 1995년에는 '종로서적 베스트셀러 50년전'이라는 전시회를 열었는데, 해방 이후 반세기 동안의 독서 흐름을 베스트셀러를 통해 살펴보려는 취지의 기획이었다.

대형서점의 특별 코너는 시대상을 반영한다. 예컨대 1985년 출판계에 중국 열풍이 불자 대형서점에서는 중국 관련 책들을 특별코너에 진열했다. 에드거 스노의 『중국의 붉은 별』, 류세희가 엮은 『오늘의 중국대륙』 등이 불티나게 팔려 나갔다. 이는 중공의 개방 정책에 따른 국제 정세의 변화에 힘입은 것이었다.

한편 냉방 시설을 갖춘 서점이 늘고 개가식 서가가 자리 잡으면서 여름철 독서가 하나의 문화로 정착된다. 심지어 한여름 피서지로 서점이 주목받기도 하는데, 1980년대 중반부터는 여름 휴가철 도서로 추리소설이 매우 각광받았다. 이에 종로서적은 1985년부터, 을지서적은 1991년 7월부터 추리소설 코너를 별도로 개설했고, 덕분에 서점 매출이 50퍼센트까지 늘어난 적도 있다고 한다.

온라인서점의 막이 오르다

1990년대 후반에 등장한 온라인서점은 가격 경쟁력과 택배 배송 등의 강점을 내세우며 서점 생태계를 완전히 뒤바꿔놓았다. 온라인서점의 효시인 '아마존닷컴 오브 시애틀Amazon.com of Seattle' 이 해외에서 큰 인기를 끌자 국내 대형서점들은 발 빠르게 사이버 공간으로 영역을 확장했다. 1997년에 '인터넷 북스토어 종로서적'(5월)을 시작으로 '영풍문고 인터넷'(6월), '교보 사이버 북센터'(9월)가 잇달아 서비스를 개시했다. 이어서 1999년에는 인터넷에서만 책을 판매하는 예스24(4월), 인터파크(6월), 알라딘(7월)이 출범했다.

이 시기는 공교롭게도 IMF 외환위기가 터져서 대형 출판사와

1999년 처음 서비스를 시작한 온라인서점 예스24의 메인 화면. '화제의 책'으로
세 권의 책을 소개했고, 이용자들이 온라인서점의 개념에 익숙지 않았던 만큼 가
입과 이용을 안내하는 메뉴를 부각해 안내했다.

서적 도매상이 연달아 부도를 내며 출판시장의 유통구조가 마비
되다시피 하던 때였다. 게다가 1998년 3월에 국내 최대의 서적
도매상인 보문당이 문을 닫았는데, 이 틈새를 비집고 온라인서점
의 이용률은 급격히 늘었다.[19]

　당시의 온라인서점은 정보통신 기술이 만들어낸 매우 이색적인
소비 공간이었다. 소비자들이 시장에서 유통되는 다양한 책을 만
나고 그에 대한 양질의 정보를 마음껏 이용할 수 있다는 점은 온
라인서점의 가장 큰 장점이었다. 공간의 제약이 사라지고 데이터
베이스를 구축하면서 가능해진 일이다.[20] 이와 더불어 온라인서
점은 구입 이력을 바탕으로 각각의 소비자에게 개별적인 정보 서

비스를 제공했다. 이를 통해 출판시장의 가능성이 확장된 점은 온라인서점이 미친 매우 긍정적인 영향일 것이다.[21]

문제는 온라인서점이 출현하면서 도서정가제의 기반이 흔들린 데 있었다. 예스24의 경우 서비스를 개시한 지 9개월여 만에 이용자 수가 150만 명을 넘어서는데, 그 인기 비결은 최저가 전략이었다. 단행본은 최고 30퍼센트까지, 전집류는 80퍼센트까지 할인 판매를 실시한 것이다.[22] 게다가 구매자에게 적립금까지 주다 보니 이들이 체감하는 할인율은 더욱 높았다. 온라인서점은 일반서점과 달리 서적 도매상을 거치지 않는 경우가 많기에 이러한 할인 판매를 할 수 있었다. 더군다나 2003년 2월부터 시행된 출판및인쇄진흥법은 온라인서점에 한해 10퍼센트 할인과 5퍼센트 마일리지 제공을 공식적으로 인정해주기까지 했다.

이는 다시금 도서정가제가 출판계의 화두로 떠오르는 계기가 되었으며, 온라인서점의 할인판매를 따라갈 수 없는 지역서점은 존폐 기로에 설 수밖에 없었다. 서울의 경우 1998년에 1422개의 서점이 있었는데, 2000년 8월에는 877개, 2021년에는 492개로 서점 수가 감소한다. 또한 1999년에는 11퍼센트에 불과하던 서점 폐업률이 불과 8개월 만에 30.7퍼센트로 대폭 상승한다. 전국적으로 살펴보면 1998년부터 2002년까지 절반 가까운 서점이 문을 닫았다. 온라인서점은 출판산업에 많은 기여를 했지만, 동시에 도서정가제 붕괴와 오프라인서점 폐업에 막대한 영향을 미친 것이다.

어느덧 온라인서점은 오프라인 공간으로 영역을 확장해가고 있다. 2011년 9월에 개점한 알라딘 중고서점은 헌책방이 낡고 고루하다는 고정관념을 깨트리면서 또 한 번 서점의 문화를 바꿔놓았다. 이후 대형서점 및 온라인서점의 중고서점 개점이 이어졌으며, 이제 주말마다 삼삼오오 기업형 중고서점을 방문하는 모습은 매우 익숙한 풍경이다. 자본, 정보, 기술, 이미지 등으로 구성된 가상의 공간은 이제 구체적인 물질성을 획득한 '장소'로 현현했다. 서점 공간이 오프라인에서 온라인으로 바뀌었다가 다시 온라인에서 오프라인으로 바뀐 셈이다. 새롭게 등장한 기업형 중고서점으로 인해 헌책방 생태계가 교란에 빠졌다는 점 또한 되짚어봐야할 문제이다.

2부

서점본색

書 店 本 色

한 시대 문화의 중심에는
서점이 있었다

1장

서점 거리의 역사 풍경

크고 작은 서점들이 하나둘 모여 거리를 만들기 시작한다. 대전의 원동, 광주의 계림동, 대구의 남산동, 전주의 풍남동 등에는 한때나마 수십 수백 개의 서점이 즐비한 책의 거리가 있었다. 때로는 너덧 개의 서점이 어우러져, 때로는 열 군데 서점이 모여서 서점 거리를 만들기도 했다. 시대가 바뀌면서 빼곡하던 서점들이 하나씩 문을 닫아 왕년의 시끌벅적함은 사라졌지만, 여전히 제자리를 지키며 그 거리의 역사를 증언하는 서점도 있다.

서울 광화문 사거리부터 동대문에 이르는 종로는 서점 거리의 원조다. 조선 시대부터 종로 일대는 전국의 물건이 오가는 상거래의 중심지였다. 관청의 공인을 받고 상설 점포로 문을 연 시전과 거리에 좌판을 깔고 물건을 판 난전이 어우러진 이곳은 그야말로 상업의 거리였다. 조선의 경제 1번지인 만큼 사람들은 종로에 구름처럼 모였다가 흩어지기를 반복했다. 그래서 옛 사람들은 종로를 운종가雲從街라 했다. 지금의 종로는 남대문시장과 동대문시장에 상업적 기능을 넘겨줬지만, 여전히 정치·사회·문화의 번화가로 시끌벅적한 일들이 일어나는 곳이다.

광화문 사거리에서 시작하는 종로1가를 쭉 따라가다 보면 종로의 명물인 보신각을 만날 수 있다. 이곳의 종소리는 조선 시대에 하루의 시작과 마무리를 알리는 한양의 대표적인 소리 풍경이었다. 보신각 건너편에 있는 화신백화점과 YMCA회관은 종로의 또 다른 명물이었다. 인사동 입구에 해당하는 종로2가를 지나쳐 종로3가에 다다르면 고즈넉한 분위기를 풍기는 도시형 한옥 마을이 나타난다. 종로4가에 들어서면 창경궁을 볼 수 있고, 종로5가는 대학로와 이어진다. 마지막으로 종로6가에 도착하면 종로의 종점이라 할 수 있는 동대문이 나온다.

1910년 강제병합 이후 대한제국의 수도 한성은 식민도시 경성으로 전락했다. 이때 경성은 청계천을 경계로 '북촌의 조선인 거리'와 '남촌의 일본인 거리'로 나뉘었다. 북촌은 종로 일대이고, 남촌은 본정本町(현 충무로)과 명치정明治町(현 명동)으로, 식민도시의 전형적인 이중구조였다. 경성의 상권도 자연스럽게 북촌 일대의 조선인 상권과 남촌 일대의 일본인 상권으로 분화했다. 이러한 공간 문화는 서점의 입지 조건에도 큰 영향을 미쳤다. 조선인이 문을 연 서점은 북촌 일대에 몰려들었고, 일본인이 운영한 서점은 남촌 일대에 자리한 것이다. 식민도시 경성의 서점들도 이중의 공간 구조에서 크게 벗어날 수 없었다.

책 문화 1번지, 종로의 서점 거리

아동문학가 어효선은 반세기 넘는 세월 동안 아이들을 위해 동요와 동화를 들려준 작가다. 서울 토박이인 그의 기억에 따르면, 일제강점기에 책을 파는 서점은 종로 2~3가에 몰려 있었다.[1] 보신각에서 동대문 방향으로 얼마 지나지 않아서 영창서관이 제일 먼저 나오고, YMCA회관 건너편에는 박문서관이 있었다. 탑골공원 근처에는 덕흥서림과 세창서관이 자리했다. 그밖에도 신명서림, 창문사, 동양서원, 경성서관 등이 있었다.[2] 이 가운데 영창서관, 박문서관, 덕흥서림은 식민지 시기에 가장 활발하게 책을 간행한 출판사로도 손꼽힌다.

어효선은 덕흥서림을 신학기마다 학생들이 붐볐던 곳이라 회고했다. 교과서와 참고서를 판매했기 때문이다. 1913년에 문을 연 덕흥서림은 식민지 시기에 드물게 저작권 소송에 휘말린 적이 있다. 1920년대 초반에 역사학자 황의돈이 쓴 『신편조선역사』를 베껴 책을 펴낸 혐의다.[3] 이 소송은 신문 보도로 널리 알려져 세간의 주목을 받았다. 저작권 개념이 생소하던 시절이라 사회적 관심이 쏠렸던 것이다. 덕흥서림은 해방 이후에 아들이 가업을 이어 화제를 모았으나, 안타깝게도 1968년경에 문을 닫은 것으로 보인다.

박문서관에서 일을 배운 강의영은 1914년에 세창서관을 차리면서 본격적으로 서점업에 뛰어들었다. 그는 3년 후에 서점을 확장하고 상호를 영창서관으로 바꾸었다. 《매일신보》 1917년 3월 17일자에 영창서관의 확장을 알리는 광고가 실려 있는데, "본 서관이 올 봄에 상호를 개칭하여 영창서관"으로 바꿨다고 밝히고 있다. 영창서관은 구서, 신서, 중국 책, 교과서 등 300여 종의 신구서적을 완비한 서점이었으며, 이후 출판업으로 크게 성공하여 박문서관과 어깨를 나란히 하는 출판서점으로 자리 잡는다.

강의영이 성공을 거두자 그의 친인척들도 서점업계에 뛰어들었다. 태화서관의 강하형, 대성서림의 강은형, 영화출판사의 강근형은 강의영의 사촌 조카들이다.[4] 친조카인 신태삼도 강의영이 운영한 영창서관에서 일하며 사업을 배웠다. 영창서관의 출판 기획에 관여해 외삼촌의 인정을 받은 신태삼은 1920년대 중반 무렵부터 세창서관을 운영하기 시작한다. 그는 변화한 종로 거리와 걸맞지 않게 누런 종이에 인쇄한 한문 서적과 화려한 원색 표지의 딱지본을 판매하는 데 주력했다. 세창서관은 육전소설六錢小說이라는 옛이야기 문고본을 전문적으로 취급한 출판서점으로 1980년대까지 그 명맥을 유지한다. 시골 장터를 돌아다니는 등짐장수들이 세창서관에서 책을 받아가는 모습은 종로의 대표적인 출판 풍경 중 하나였다.

신태삼의 생애는 다른 서적상에 비해 그나마 알려진 편이다. 1987년에 출판학자 이창경이 신태삼의 셋째 아들 신호균과 인터뷰한 내용을 바탕으로 세창서관에 관한 글을 쓴 덕분이다. 다만 이 글은 아들의 증언을 토대로 신태삼의 행적을 극적으로 서사화한 것이라 사실로 보기 힘든 부분도 있다. 하지만 신태삼이 서적상으로서 어떤 고민을 했는지 엿볼 수 있는 대목이 나온다. 예컨대 신태삼은 영창서관에서 나온 뒤 장터를 돌아다니며 책을 판매했다. 그러던 어느 날, 경기도 안성장에서 어떤 소 장수가 우편국(오늘날의 우체국)에서 우편환으로 돈을 찾아오는 것을 본 뒤 그는 책을 통신판매로 팔기 시작했다고 한다.[5] 추후 연구를 통해 명확히 사실을 밝혀야겠지만, 그가 책의 판매 방식에 대해 남다른 고민을 했다는 점만은 분명하다.

종로 일대의 서점들은 최소한 1920년대 중반까지 일본어 책을 팔지 않은 것으로 보인다. 이는 《매일신보》 기자가 종로의 보신각 모퉁이를 돌자마자 나오는 신명서림의 주인과 주고받은 대화를 통해 유추해볼 수 있다. 기자가 "조선문 책만 놓고 파니까 일본문 책을 찾는 사람을 놓치지요"라고 묻자 신명서림 주인이 "사실이 올시다. 조선의 청년 남녀치고 일본문 모르는 이가 없으므로 결국

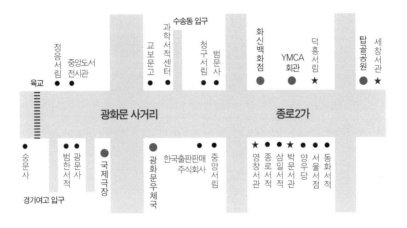

육교

정음서림
중앙도서전시관

교보문고
과학서적센터
수송동 입구
청구서림
범문사
화신백화점
YMCA회관
덕흥서림
탑골공원
세창서관

광화문 사거리

종로2가

숭문사
경기여고 입구
범한서적
광문사
국제극장
광화문우체국
한국출판판매주식회사
중앙서림

영창서관
종로서적
삼일서적
박문서관
양우당
서울서점
동화서적

《조선일보》 1981년 12월 26일자에 실린 약도를 바탕으로 1980년대 종로 일대의
서점 거리를 재정리한 지도. 1980년대 종로 일대의 서점 거리. ★표는 일제강점
기에 있었지만 이때는 사라진 유명한 서점으로, 주로 종로2~3가에 몰려 있었다.

은 일본문 서적에 재미를 붙여서 진고개(현 충무로2가)로 가는 것
이올시다. 필경 얼마 안 있어 조선 사람 책사에서도 일본문 서적
을 갖다가 놓지 않으면 안 되겠습니다"라고 답한다.[6]

해방 이후에도 종로 일대는 책 문화의 1번지였다. 특히 1970~
80년대에는 다양한 서점들이 광화문 사거리와 종로2가에 우후죽
순 생겨나 하나의 생태계를 이루었다. 이를 두고 언론은 "서점 문
화의 거리"가 만들어졌다고 보도하기도 한다.[7] 먼저 광화문 사거
리에는 숭문사, 정음서림, 중앙도서전시관, 범한서적, 광문사가
모여 있었다. 숭문사는 광화문 일대에서 가장 역사가 오래되고
규모도 제법 큰 서점으로 유명했다. 범한서적은 범문사와 함께

서점의 시대

양서 수입의 쌍벽을 이룬 서점이었다. 범한서적과 범문사는 각각 1953년과 1955년에 개업했으니, 이들 두 서점이 한국전쟁 이후 양서 수입의 역사를 이끌어온 셈이다. 역설적이게도 범한서적 바로 옆에 있는 광문사는 양서 '복사판'을 전문적으로 취급했다. 교보문고에서 종로로 들어가는 길목에는 과학서적센터, 청구서림, 범문사가, 맞은편에는 한국출판판매주식회사와 중앙서림이 있었다. 보신각을 지나면 종로서적, 삼일서적, 양우당, 서울서점, 동화서적이 길가에 일렬로 있었다. 동화서적은 종로 서점 거리의 종점이었다.

광화문 숭문사에서 종로2가 동화서적까지 20여 개의 서점이 늘어선 종로의 서점 거리에는 책을 찾는 수많은 사람들의 발길이 이어졌다. 이들은 취향에 따라 '광화문파'와 '종로파'로 나뉘곤 했고, 학생들은 하교 후에 이곳을 순례하며 시간을 보냈다. 게다가 종로5~6가는 헌책방이 모여 있는 평화시장과 대학천 서점가로 이어졌으니, 종로 일대는 그야말로 책을 찾는 이들의 결절점이었다. 1980년대 초반에 종로서적과 교보문고 방문자는 하루에 각각 1만 5000명에서 2만 명에 이를 정도였다. 집계의 형평성에는 한계가 있겠지만, 1970~80년대 베스트셀러는 종로 일대의 서점 거리에 의해 좌우되었다.

특히 종로서적과 동화서적이 있던 종로2가는 1970년대 후반 이후 대형서점의 거리로 위세를 떨친다. 하지만 교보문고의 등장

1983년에 종로1가 사거리에서 종로2가 방향으로 촬영한 사진. 큰 빌딩들이 보이지만, 아직은 개발이 되지 않은 작은 건물들이 옹기종기 있다. 책 문화의 1번지인 종로 일대는 많은 이들의 사랑을 받았다.

(1981)과 동화서적의 강남 이전(1985)을 거치면서 이 거리는 크게 요동친다. 대형서점과 함께 자리했던 종로 일대의 많은 서점들은 1980년대 중·후반을 기점으로 자취를 감춘다. 그러다가 영풍문고의 개업(1992) 이후 종로는 몇몇 초대형서점만 남은 거리가 된다.

1980년 3월 1일에 문을 연 삼일서적은 종로의 마지막 소형서점이었다. 이곳은 3·1정신을 되새기고 독자·저자·출판사 사이의 다리 역할을 하며 기독교 신자로서 삼위일체를 지향한다는 세 가지 의미를 추구하는 서점이었다. 공교롭게도 그 위치 또한 3·1운동의 발원지인 탑골공원을 마주 보는 곳이었다. 대표인 김영채는 라디오 방송에서 처음으로 신간을 소개한 이력도 있는 인물이다.

하지만 그는 1995년 9월 7일에 15년간 운영하던 서점을 폐업했다. 건물 임대료가 너무 오른 데다가 대형서점과의 경쟁에서 밀린 탓이었다.

신지식의 창구, 본정통의 일본인 서점가

이번에는 경성의 대표적인 일본인 거주지인 본정통의 서점 거리를 살펴보자. 본정은 식민지 시기에 만들어진 지명으로, 일제는 전국 각지의 일본인 거주지에 본정이라는 지명을 써서 도시 공간에 대한 감각을 바꿔 나갔다. 경성의 본정 일대는 조선 시대까지만 해도 진고개라 불린 주변부였다. 그런데 갑신정변 이후인 1885년부터 이곳이 일본인 거주지로 바뀌기 시작한다. 일제는 1895년에 진고개 일대의 조선인 가옥을 모두 철거한 뒤 그다음 해에 이곳에 일본영사관과 상업회의소 등을 세운다. 이러한 과정에서 충무로는 본정, 명동은 명치정, 을지로는 황금정黃金町으로 명명된다.

경성의 '작은 일본'인 본정은 모던 보이와 모던 걸들이 거리를 가득 메운 상업 공간이었다. 특히 본정 입구의 조선은행 광장 일대에는 식민지 조선의 정치·행정·금융·상업 시설을 비롯하여 근대적 소비문화 시설까지 포진해 있었다. 즉 식민지의 특권을 상징

경성의 '작은 일본'이었던 본정의 1정목 입구 사진. 이곳은 일제강점기에 모던 보이와 모던 걸들이 모여드는 가장 번성하고 화려했던 거리로, 왼쪽에 있는 건물이 이곳의 랜드마크 중 하나인 경성우편국이다.

하면서 경성의 근대적 경관을 한껏 드러낸 곳이었다. 본정의 대표적인 일본인 서점은 오사카야고서점大阪屋號書店, 니칸쇼보日韓書房, 마루젠이었고, 그 외에도 분코도文光堂와 시세이도至誠堂 등이 있었다. 본정은 그야말로 일본인 서점의 메카였다.

1914년에 문을 연 오사카야고서점 경성 지점은 본정 1정목(현 충무로1가)에 있었다. 오사카야고서점은 도쿄에 본사를 두고 다롄, 뤼순, 랴오닝, 톄링, 경성, 부산 등에 지점을 설립하며 사업을 키워 나갔다. 1930년대 중반 무렵에 경성 지점의 관리를 맡은 이는 나이토 사다이치로다. 그는 1906년에 오사카야고서점에 입사한 뒤 만주 지점장과 다롄 지점 상무주임을 거쳐 1914년에 경성 지점으로 부임한 인물이다.[8] 이후 경성서적상조합장과 조선출판회의 소매서점 대표를 맡는 등 대외적으로도 활발한 활동을 펼친다.

경성 본정의 대표적인 서점이었던 오사카야고서점의 모습. 수험서가 주력 상품이었고, 서점 앞 자전거로 여러 곳들에 책과 잡지를 배달해 판매했으나 사건 사고가 끊이질 않자 1940년 연말에 배달 서비스를 폐지했다.

1937년 5월 조선신문사가 발간한 『대경성도시대관大京城都市大觀』은 경성과 인천의 도시 풍경을 담은 사진첩이다. 이 자료에는 경성과 인천의 옛 건물, 관공서, 학교, 병원, 은행, 회사, 상점 등에 대한 다채로운 사진이 실려 있다. 서울역사아카이브에서 서비스하는 『대경성도시대관』의 사진들을 찾아보니 서점의 경우 8점의 사진이 있다. 그 가운데 하나가 오사카야고서점의 전경이다. 1층 지붕 위에 세운 직사각형 간판에는 커다랗게 일본어로 상호가 적혀 있고, 그 밑에 도쿄, 다롄, 뤼순, 신징, 경성 등의 본점과 지점을 명시해놓았다. 1층 지붕 바로 아래에 있는 '수험생의 좋은 스승과 벗', '수험 지침', '산술' 같은 문구로 보아 이 서점의 주력 상품이 수험서였음을 알 수 있다.

이 사진에서 가장 눈에 띄는 것은 서점 앞에 있는 대여섯 대의 자전거다. 식민지 시기의 서점을 촬영한 사진에는 이처럼 서점 앞에 자전거가 있는 경우가 많다. 당시에 자전거는 최첨단 교통수단이었다. 아마도 배달부는 손님이 주문한 책이나 정기적으로 발행되는 잡지를 자전거에 싣고 경성의 여기저기를 누볐을 것이다. 오사카야고서점에서 10여 년간 근무한 신장호의 증언에 의하면, 조선인 직원들이 월초에 들어온 잡지와 전집물을 자전거에 실어 용산, 영등포, 청량리 등으로 날랐다고 한다.

배달 과정에서 사건 사고가 많았다. 1938년 5월 30일에는 오사카야고서점의 배달부 이한경이 자전거로 배달에 나섰다가 자동차와 충돌하는 사고가 벌어졌다.[9] 공교롭게도 같은 날 태양서점의 배달부 권오헌도 자전거를 몰고 가다가 교통사고를 당했다. 1939년 3월 5일에는 극단 출신의 한 가수가 오사카야고서점 앞에 있던 120여 권의 잡지를 실은 자전거를 훔치는 일이 벌어졌다. 사건 사고가 이어지자 1940년 연말에 오사카야고서점은 배달 서비스를 폐지한다.[10]

일본인 서점의 주요 고객층은 당연히 일본인이었지만, 새로운 사상과 지식을 탐구하려는 조선 지식인들도 본정에 자주 드나들었다. 가령 춘원 이광수의 소설 『무정』(1917)에 등장하는 영어 교사 이형식은 "책을 사는 버릇이 있어 매삭 월급을 타는 날에는 반드시 일한서방에 가거나 동경 마루젠 같은 책사에 4~5원을 없이 하여 자기의 책장에 금자 박힌 것을 붙는 것을 유일한 재미"로 여기는 인물이었다. 경성의 일본인 서점이 재조일본인뿐만 아니라 신지식에 목마른 조선 지식인에게도 지식의 창구로 받아들여졌음을 잘 보여주는 대목이다.[11] 당시의 신문도 "종로통에 그다지 서적상이 번창하지 못하던 때에는 누구나 책을 사려면 반드시 진고개로 향했던 것이다"라고 보도했을 정도다. 식민지 조선의 일본인 서점은 조선인과 일본인이 다양한 조합으로 만나는 중층적 장소였다.

이광수의 소설에 등장하는 일한서방, 즉 니칸쇼보는 1906년에 모리야마 요시오가 본정 2정목(현 충무로2가)에 개업한 서점이다. 1900년대에 발행된 《대한매일신보》와 《황성신문》에는 종종 이 서점의 책 광고가 실렸다. 니칸쇼보는 오사카야고서점과 경쟁하며 성장한 일본인 서점으로, 조선에 이주한 일본인들에게 다양한 읽을거리를 제공하며 호황을 누렸다. 1912년부터는 조선총독부가 편찬한 국정교과서를 배급·판매하는 일을 도맡아서 확실한 수입원을 거머쥐기도 했다. 또한 출판사로서 단행본과 일본어 잡지 《조선》을 발행하여 경성에 거주하는 일본인 커뮤니티의 담론을 형성하는 데 지대한 영향을 미쳤다.[12]

『대경성도시대관』에 실린 니칸쇼보의 사진을 살펴보면, 간판 위에 꽂혀 있는 깃발이 눈에 띈다. 일본에서 깃발은 메이지 시대부터 상점이나 회사에 높이 매달아 거리를 지나가는 손님의 흥미를 돋우려는 홍보 수단이었다.[13] 주로 근대적 업종의 가게들이 간

경성의 본정통에서 오사카야고서점과 경쟁하며 성장한 니칸쇼보의 모습. 간판 위로 홍보용 깃발이 눈에 들어온다. 일본에서는 근대적 업종의 가게들이 이런 깃발을 내걸었는데, 식민지 조선의 본정과 명치정에도 이런 깃발들이 나부꼈다.

판의 일종으로 깃발을 내걸었는데, 이 관례가 식민지 조선에도 이어져서 일본어가 적힌 깃발이 일본인 상가의 경관을 만들어냈다. 본정과 명치정 일대의 거리 풍경에서 다채로운 깃발들이 나부끼는 이유다.

희곡 「동승」으로 잘 알려진 월북 극작가 함세덕은 니칸쇼보의 점원으로 일한 적이 있다. 그는 1934년에 인천상업학교를 졸업한 뒤 이곳에 들어가는데, 상업학교 졸업생치고는 상당히 이례적인 취업이었다. 함세덕의 청년 시절을 기억하는 원로 연극인들은 그가 니칸쇼보에 근무하면서 일본어로 번역된 각종 서양 희곡과

연극 책을 두루 섭렵했다고 증언했다. 한국 연극의 1세대 배우인 이해랑은 함세덕이 점원 시절 책 속에 파묻혀 지내면서 얻은 엄청난 독서량이 그의 희곡 창작에 밑거름이 되었다고 회상한 바 있다.

함세덕이 니칸쇼보에 근무하면서 읽었던 책은 1920~30년대에 성행한 희곡 전집이었다.[14] 그중에서도 1927~30년에 40권으로 출간된 『세계희곡전집』을 탐독하면서 아일랜드 극작가 존 밀링턴 싱과 노르웨이 극작가 헨리크 입센의 작품에 큰 영감을 받았던 것 같다. 그의 희곡 작품들을 살펴보면 이들의 작품을 모티브로 삼은 정황이 보이기 때문이다.

독서는 대개 하루에 몇 시간 정도 어디서 하십니까? 도서관에는 종종 다니시는지요?

뭐 도서관에는 별로 가지 않습니다. 집에서 틈나는 대로 읽지만, 나는 대개 본정 마루젠 서점에 가서 책을 읽습니다. 마루젠 서점은 제가 중앙일보 사장 시절에 거래가 많았던 관계로 특별히 친절하게 대해주더군요. 거기서 의자를 하나 빌려서 읽고 싶은 책을 마음대로 한 서너 시간씩 읽습니다. 한 시쯤 들어가서 다섯 시까지 있지요. 다음에 저를 만나려면 마루젠 서점에 오세요. 아무 때나 저를 만날 수 있어요.

남의 가게에서 그렇게 계시기가 거북하지 않으세요?

좀 거북하긴 하지만 참을 수밖에 없지요. 마치 술 먹는 사람이 돈 없으면 선술집에 가듯이 돈이 없으니 서점에 가서 다찌요미立讀 (서서 책 읽기)라도 하는 수밖에 없지요.[15]

손기정의 일장기 말소 사건을 보도했다는 이유로 1937년에 자신이 사장으로 있던 《조선중앙일보》를 자진 폐간할 수밖에 없었던 여운형이 늘 찾아간 곳은 서점이었다. 실의의 나날을 보내던 그에게 서점은 세상 돌아가는 소식을 접하는 창구이자 잠시나마 근심거리를 잊을 수 있는 장소였던 것 같다. 상하이의 혁명가, 언론과 체육계의 권위자, 중도좌파 정치인, 비운의 영웅 등등 여운형을 수식하는 표현은 많다. 그런 그가 마루젠에서는 반나절 동안 공짜로 책을 읽는 '얌체 손님'에 지나지 않았다. 그것도 거의 매일 출근하듯이 말이다. 기자에게 자신을 만나고 싶거든 고민할 것 없이 마루젠으로 오라고 당부할 정도였다.

마루젠은 경성에서 가장 유명한 외국서적 전문서점이었으니 국제도시 상하이에서 산전수전을 다 겪었고 영어에도 능통한 여운형에게는 이곳이 제격이었을 것이다. 마루젠은 도쿄 본사에서 취급하는 세계 각국의 책을 한두 권씩 비치해두었다. 영어 책과 독일어 책이 가장 많았으며, 프랑스어 책은 거의 없었다. 손님들이 가장 많이 찾는 책은 문학과 법률 분야 서적이었다. 그 밖에도 마루젠은 해외의 각종 신문과 20여 종의 잡지를 판매했는데, 하루에 《런던 타임스》는 65부, 《뉴욕 타임스》는 70부 정도가 나갔다. 이곳은 도쿄 본사로 들어온 서구의 지식과 정보가 식민지 조선으로 중개·공급되는 장소였다.[16]

《삼천리》기자의 취재에 따르면, 마루젠에 드나드는 손님의 3분의 1이 조선인이었다. 양정고등보통학교의 지리 교사였고 무교회주의자로도 유명한 김교신은 이곳의 단골이었다.

> (1932년) 3월 23일 수요일, 맑음
>
> 7시 기상. 등교. 학년 성적 사정회. 4학년 을ㄴ조 50명 중에서 43명 진급.
>
> 마루젠에서 웰스의 『인류의 노동과 부와 행복』 도착하다.

> (1932년) 4월 14일 금요일, 맑음
>
> 6시 기상.
>
> 마루젠 서점에 주문한 『Septuagint』 도착.[17]

단편적인 기록이지만, 김교신은 마루젠에서 두 권의 책을 주문한 사실을 전하고 있다. 그가 처음 받은 책은 영국의 소설가이자 역사학자인 허버트 조지 웰스의 저작이다. 1932년에 출간된 『인류의 노동과 부와 행복』은 『세계사 대계』(1920), 『생명의 과학』(1929)과 함께 웰스의 3부작으로 평가받는 책이다. 김교신의 동료인 함석헌은 웰스의 역사관에 많은 영향을 받은 것으로 알려져 있다. 그다음으로 김교신이 수령한『Septuagint』는 구약 성서를 그리스어로 번역한 것이다. 가능한 한 성서를 원문으로 보려 했던 그의 노력을 엿볼 수 있다.

마루젠은 1930년 6월 황금정 1정목(현 을지로1가)에서 문을 열었는데, 개업한 지 6년이 지난 1936년에 본정 2정목(현 충무로2가)으로 이전하며 본정통에 자리 잡는다.『대경성도시대관』에는 본정통에 있던 마루젠의 건물과 내부 모습이 실려 있는데, 요즘 서점과 비교해도 손색없을 만큼 현대적이다. 어효선의 기억에 따르면 마루젠의 1층은 문방구, 2층은 서적부였다. 사진을 살펴보면, 공간을 구획해 다채롭게 서가를 구성한 것이 눈에 띤다. 한복, 기모노, 현대식 의상을 입은 세 명의 여성이 서가 사이사이에 서 있는데, 이를 통해 경성의 문화 정체성이 혼종적이었음을 알 수 있다. 아쉽게도 사진이 흐릿해서 서가에 비치된 책 제목을 확인하기는 어렵다. 다만 한복을 입은 여성의 뒤편 서가에 표지가 보이도록 각종 해외 잡지를 진열한 것은 확인할 수 있다.

그런데 사진 속 여성들은 마루젠의 직원일까, 아니면 공교롭게도 책을 사러 들른 날 사진 찍힌 손님일까. 전자일 가능성이 다분하지만, 현재로선 사실을 분명하게 확인할 방법이 없다. 전자일 경우, 적어도 한 명이 직원일 가능성을 고려해볼 수 있다. 바로 제22회 조선미술전람회에서 특선작으로 입선한 장동순이다. 그는

『대경성도시대관』에 담긴 마루젠의 건물과 내부 모습은 요즘 서점과 비교하더라
도 손색없을 만큼 현대적이다. 한복, 기모노, 현대 옷을 입은 세 여성의 모습이 경
성의 문화 정체성이 혼종적이었음을 시사한다.

1942년에 숙명여자전문학교 기예과를 졸업한 인물인데, 입선 당
시 마루젠 직원이었다.[18] 『대경성도시대관』의 출간 시점(1937)과
제22회 조선미술전람회가 개최된 해(1943) 사이에는 무려 6년의
간극이 있다. 그럼에도 장동순이 사진 속 인물이라면, 그는 적지
않은 세월을 마루젠에서 근무한 셈이다.

명동 달러골목의 서적상들

명동은 식민지 시기에 명치정으로 불리며 첨단 유행의 본산지로 떠오른 동네다. 새로운 욕망과 감각을 대변하는 상징적 공간이었던 명동은 해방 이후 문인, 화가, 연극인, 음악인, 영화인 등 다양한 문화예술인들이 모여들면서 문화예술의 공간으로 자리 잡는다.

그런데 명동의 진짜 이야기는 후미진 뒷골목에 있다. 1960~70년대 명동을 이야기할 때 빠트릴 수 없는 것이 바로 달러골목이다. 이곳은 미국 화폐를 사고파는 암거래상과 미군 물품을 판매하는 장사꾼이 경찰의 눈을 피해 모여 있던 일종의 블랙마켓이었다. 현재의 눈스퀘어(과거의 코스모스백화점)에서 정관장 명동 본점 건물까지 불과 10여 미터 남짓한 골목이었는데, 오가는 사람들이 서로 부딪힐 정도로 좁았고 간판 없는 가게들이 다닥다닥 붙어 있었다. 달러골목은 명동의 도시 개발과 함께 사라졌다. 1977년 남산 3호터널의 개통에 대비해 남대문로가 확장되는 과정에서 달러골목이 간선도로로 편입된 것이다.

달러골목에는 30여 개의 책방이 즐비했는데, 이곳은 흥미롭게도 한일 국교의 역사와 궤를 함께한다. 1단계 시기는 1945년부터 정부 수립 직후까지다. 일본인이 버리고 간 책들을 헐값에 사들인 서적상들이 책방을 연 때다. 해방공간은 좌우 대립과 사상 논쟁이 뜨겁게 일어난 시대였기에 달러골목에서도 사상서가 많이 팔렸다. 또한 제대로 된 교과서가 부족한 시기여서 달러골목 서적상들은 꽤나 재미를 보았다. 일본 책들이 교재로 적극 활용되었기 때문이다. 이때는 일본인이 버린 책과 미군 부대에서 흘러나온 책이 3대 1 비율로 팔렸다.

2단계 시기는 정부 수립 이후부터 자유당 정권 말기까지다. 이때는 이승만 정권의 반일 정책으로 일본 책들이 '왜색 출판물'로 낙인찍히며 단속 대상이 되었다. 심지어 일본 책의 수입조차 정책적으로 금지되었다. 문제는 공부를 제대로 하려면 일본 책을 구해봐야 한다는 데 있었다. 오죽 답답했으면 한 대학생이 일본 책 구하는 방법을 신문사에 문의했을까. 내용인즉슨 "저는 지금 모 대학교의 재학생입니다. 원서를 구하지 못하여 공부에 몹시 지장이 있던 중 일본에 있는 숙부가 얼마간의 책을 소포로 부쳐주겠다고 합니다. 일본과의 소포 왕래가 되는지 또는 며칠간이나 걸리는지 알려주십시오"였다. 이에 문교부 출판과장은 "일본 서적 반입에 있어서 사상과 풍기 면에 불온한 서적은 검열에 통과되지 않을 것이니 가급적이면 이공과 계통의 서적 반입"을 추천하였다.[19] 이승만 정권의 일본 책 단속은 국가보안법 사건으로도 이어졌다. 1957년 7월 22일에 박종태(광명서림), 김영환(국제서림), 최완식(운향서림), 홍태선(문경서림), 이차영(연합서림) 등 서점 대표들이 일본 책을 수입·판매한 혐의로 사상범이 된 것이다. 이러한 시대에 명동 달러골목의 서점들은 숨겨둔 일본 책을 몰래몰래 팔았다.

3단계 시기는 1965년에 이루어진 한일 국교 이후다. 이때는 물 밀듯 들어온 일본 붐을 타고 일본 서적상이 호황을 누렸다.[20] 당시 에는 수입 외서의 80퍼센트가 일본 서적이었다. 그 수요는 계절에 따라 달랐는데, 특히 봄가을은 카메라, 원예, 미술, 패션 등을 다룬 책이 잘 팔리는 성수기였다. 늦가을부터 이른 봄까지는 뜨개질을 다룬 책이 보통 시세의 서너 배 가격으로 팔려 나갔다. 1960년대 후반부터 1970년대 초반 무렵에는 대학 입시로 달러골목의 서점 들이 엉뚱한 호황을 누렸는데, 대학 입시 문제가 일본의 입시 경 향을 참조했다고 해서 일본 참고서가 날개 돋친 듯 팔린 것이다.

인기 있는 일본 소설은 수량이 부족해서 판매가 아니라 대여를 했다. 여건에 따라 달러골목의 서점들이 책 대여점을 병행한 셈이 다. 1970년대 초반에는 도요토미 히데요시를 주인공으로 한 『풍 운아』(8권)와 도쿠가와 이에야스를 중심으로 무사 이야기를 그린 『대망』(20권) 등 일본의 대하소설이 큰 인기를 끌었다. 대여료는 책의 인기에 따라 달랐는데, 보통 3일에 200원 정도였고 하루 연 체할 때마다 100원씩 더 붙는 식이었다. 아이러니한 건 한국의 독 서계를 강타한 『대망』의 일본어 책이 번역서보다 쌌다는 점이다. 당시 40대 이상의 독자 사이에서는 『대망』의 일본어 책이 유행했 다. 이들은 일제의 일본어 교육을 받은 세대여서 어느 정도 일본 어 독해가 가능했고, 번역서보다 원서가 쌌기 때문이다. 심지어 직장 상사에게 『대망』의 일본어 책을 선물로 주는 풍조가 있을 정

1970년대 초반, 명동 달러골목의 서점 풍경. 새로운 욕망과 감각을 대변하는 상징적 공간이었던 명동의 후미진 뒷골목에는 미국 화폐를 사고파는 암거래상, 미군 물품을 판매하는 장사꾼과 함께 30여 개의 서점이 모여 있었다.

도였다.

다행히 명동 달러골목의 서점 풍경을 담은 사진이 남아 있다. 1971년 8월 13일자 《경향신문》에 실린 것이다. 사진을 자세히 살펴보면, 간판에 '외국서적'을 표방한 서점이 세 개나 보인다. 가장 앞에 배문서림, 그다음으로 광문서점, 가장 멀리에 제일서림이 있다. 배문서림의 입구 가판대에는 다양한 일본 잡지들이 꽂혀 있고, 한 남성이 이를 만지작거린다. 가판대에는 《소주택건설도집 小住宅建設圖集》, 《새로운 주택 新しい住宅》, 《니코 하우스 ニコーハウス》, 《홈 아디이어 ホームアイデア》 등 주택과 인테리어에 관한 일본 잡지가 주로 진열되어 있다.

당시의 사람들은 달러골목에서 각종 잡지를 구해 탐독했다. 국내에서 미술책이 거의 출간되지 않던 시절에는 달러골목에서 일본 화집을 구해 그림 공부를 하는 경우가 많았다. 미술학도들이 주로 참조한 자료는 일본의 미술 전문잡지인 《미술수첩》이었다. 화가 지망생들은 달러골목에서 《미술수첩》을 떼서 돌아다니는 책 중개상을 '수첩 배달부'라 부르기도 했다.[21] 만화가를 꿈꾼 이들은 이곳에서 일본의 만화 잡지인 《소년 선데이》를 보고 문화 충격에 빠지곤 했다. 시네마 키드는 달러골목의 서점가를 뒤지며 영화 잡지를 사 모았다. 이처럼 명동의 달러골목은 한 시대에 일본의 대중문화를 소개하는 중개상이었다.

청계천변 꼬방책방 사람들

청계천변을 따라 자그마한 책방들이 닥지닥지 붙어 있는 헌책방거리는 한국전쟁 이후 배움에 굶주린 사람들의 갈증을 축여주던 '거리의 도서관'이었다. 여기에 헌책방이 들어서기 시작한 것은 1954년경으로 알려져 있다. 한국전쟁 시기에 청계천까지 흘러든 월남민들이 생계를 위해 헌책을 내다 팔면서 한 집 두 집 헌책방이 늘어난 것이다. 말이 책방이지 폐지 수집소에 가까웠다.

초창기의 헌책방거리에는 판자로 가건물을 짓고 잡다한 물건을 내다 판 '꼬방책방'들이 모여 있었다. 꼬방책방이란 평소에 다른 장사를 하다가 새 학기가 되면 중고 교과서와 참고서를 판매한 판

국가기록원이 소장한, 1961년 12월 5일 청계천 복개공사 개통식 사진(위). 아래 사진은 이를 부분 확대한 것으로, 우산을 쓴 군중 뒤편으로 평화시장 건물 1층에 들어선 여러 서점의 간판들을 확인할 수 있다.

잣집 서점을 말한다. 현재의 모습을 갖춘 건 1960년 12월에 청계천 복개공사가 끝나고 평화시장이 세워지면서부터다. 청계천 일대에 흩어져 있던 꼬방책방들이 하나둘 평화시장으로 이주하면서 헌책방거리가 조성된 것이다. 이곳의 전성기인 1960~70년대에는 120여 개의 헌책방이 청계천을 따라 줄지어 있었다. 아쉽게도 2021년 5월 기준으로는 17개의 헌책방이 남아 있을 뿐이다.[22]

국가기록원 소장 자료 중에는 청계천 헌책방거리의 탄생을 보여주는 사진이 있다. 1961년 12월에 거행한 청계천 복개공사 개통식 현장을 담은 사진이다. 신문 보도에 따르면, 이날 제12대 서울시장인 윤태일은 청계천 복개공사에 공로가 큰 이들에게 표창장과 감사장을 수여하면서 "한양 천도 560여 년 동안의 숙원이 이제 이루어"졌다는 감회를 밝혔다. 개통식이 끝난 뒤 평화시장 점포 끝과 전차 차고 사이를 연결한 오색 테이프를 커팅하는 순서가 있었다.

이 사진에서 주목해야 할 부분은 평화시장 건물에 들어선 헌책방 간판들이다. 사진 맨 왼쪽에 평화서점이 있다. 그다음으로 라라서림, 문장서림, 조광서림, 학원서림 등의 간판이 이어진다. 사진 한가운데 다른 헌책방보다 간판을 높이 걸어놓은 서점은 동광서림이다. 헌책방 앞에는 군중이 비를 피하기 위해 우산을 쓰고서 모여 있다. 이들의 우산에 가려 다른 헌책방의 간판들은 보이질 않는다. 청계천을 복개한 뒤 길가에 헌책방이 일렬로 쭉 들어선 모습은 퍽 생경했을 것이다.

청계천 헌책방거리는 낡고 빛바랜 헌책의 종착지였다. 고물상이 관^貫으로 달아 사들인 소설이나 엿장수가 엿과 바꾼 중고 교과서 따위가 이곳으로 모여들었다. 때로는 세상을 떠난 대학교수나 장서가의 집에서 귀중한 책들이 쏟아져 나오기도 했다. 무엇보다도 이 거리는 학기 초마다 떼 지어 배회하는 학생들로 미어터지는 곳이었다.

학생들은 새 교과서보다 값이 저렴한 중고 교과서를 구입하는 걸 선호했기에 친구들과 함께 발품을 팔며 청계천을 돌아다녔다. 전성기의 청계천 헌책방들은 신학기 때 몰려드는 학생들에게 중고 교과서와 참고서를 파는 것만으로도 1년치 매상을 올릴 수 있었다.[23] 그래서 이곳에서의 헌책 장사는 평상시에 얼마나 많은 중고 교과서 물량을 확보하느냐가 관건이었다. 더불어 청계천의 서적상들은 훼손된 중고 교과서와 참고서를 수선하며 시간을 보냈다. 이들은 책 곳곳에 있는 낙서를 지우거나 너덜너덜해진 책등을 고쳐 감쪽같이 멀쩡한 교과서를 만들어냈다. 청계천의 헌책방거리는 책 수선의 거리이기도 했다.

하지만 1980년대에 접어들면 중고 교과서를 사려는 학생들의 발길이 뜸해지면서 헌책방들은 문을 닫거나 잡화점 등으로 업종을 바꿔 나간다. 잦은 교과서 개정, 복사기의 보급, 도서관의 증가 등이 맞물리면서 중고 교과서는 더 이상 찾는 사람이 없는 애물단지가 되었다. 청계천 헌책방거리의 생계를 책임지던 중고 교과서가 폐지로 전락하자 헌책방은 시간이 지날수록 줄어들었다.

앞서 언급했듯이 이곳의 전성기에 해당하는 1970년대 중반에는 헌책방 수가 120여 개였다. 그런데 1980년대 중반에 이르자 그 수가 80여 개로 줄더니 1990년대 초반에는 50여 개로 감소했다. 2014년 11월에 이뤄진 고은조의 조사에서는 총 25군데로 집계되었는데,[24] 이 중에서 가장 빨리 문을 연 곳은 민중서림(1967)이고, 막내 격인 헌책방은 책사랑(2000)과 동화마을(2000)이다. 1970년대에 개업한 헌책방은 동신서림(1971), 글방(1976), 동아서점(1976), 대광서림(1979)이다. 그 밖에 창문사(1980), 서문서림(1980), 평화서림(1986), 대원서점(1986), 덕인서림(1988), 기독성문서적(1989), 문성서점(1993), 밍키(1996), 함양서림(1998)이 1980~90년대에 창업한 청계천의 헌책방이다.[25]

　서점 거리는 책과 사람이 교차하고 마주하는 특별한 길이자 접촉의 공간이다. 이곳에는 이리저리 골목을 훑으며 서점을 찾아다니는 경험을 해본 사람만이 알 수 있는 묘한 매력이 있다. 그 매력은 아마도 책을 둘러싼 다양한 인간 군상을 만나는 데서 비롯되는 게 아닐까. 책 자체가 좋아서 책의 자취를 따라가는 유락愉樂의 독서가, 서점과 서점 사이에서 책의 바다를 항해하는 여행가, 서점의 시층時層에서 비밀을 간직한 책을 발굴하는 책 수집가 등이 서점 거리를 활보한다. 일견 서점은 매우 적막한 정적의 공간으로 비춰지지만, 그 이면에는 이윤의 추구, 책읽기의 즐거움, 지식욕 등 다양한 욕망과 생각이 얽혀 있다. 이때 서점의 입지 조건은 도시의 공간 구조와 문화를 보여준다. 또한 서점이 몰려든 거리의 풍경은 도시의 정체성을 만들어간다.

2장

서점이 꽃피운 살롱 문화

17~18세기 유럽에서 살롱은 남녀와 신분 간의 벽을 깬 대화와 토론과 감상의 장이었다. 좁은 의미에서 '방', '거실', '응접실' 등을 가리키지만, 문화사적으로는 '문학 모임', '토론장', '전시회', '전람회' 등 다양한 활동을 하는 곳이었다. 달리 보면 살롱은 시대의 변화에 따라 새로운 가치를 표상하는 공간이었다. 서점의 역사를 살펴보면, 유럽의 살롱처럼 사람들이 모여 이야기하는 문화공간으로서의 역할을 서점이 해왔음을 알 수 있다. 서점은 책과 더불어 사람들이 만나는 공간이기 때문이다.

 1917년 중국 상하이에 들어선 우치야마서점內山書店은 서점의 살롱 문화를 잘 보여준다. 우치야마 간조가 창업한 이 서점은 중국의 지식인이 모여드는 장소이자 다양한 문화 교류의 요람이었다. 중

1917년 중국 상하이에 들어선 우치야마서점은 당대의 중국 지식인들이 모여들어 다양한 문화 교류를 하던 곳이다. 소설가 루쉰이 단골로 유명했던 이 서점은 지금까지도 상하이에서 영업을 하고 있다.

국을 대표하는 지식인이자 소설가 루쉰이 이 서점의 단골로 유명했고, 중국에서 활동한 조선인 혁명가들도 이곳을 찾았다. 예컨대 1919년 6월 무렵 상하이로 망명한 유자명은 동료와 함께 우치야마서점에서 구한 책을 읽으며 아나키스트로 활동하기 시작한다.

마리서사, 해방 조선의 몽마르트르

한 잔의 술과 버지니아 울프, 그리고 목마를 타고 떠난 숙녀의 이야기로 시작하는 「목마와 숙녀」는 시인 박인환의 대표적인 작품이다. 청소년기에 중일전쟁과 태평양전쟁을, 청년 시절에는 한국전쟁을 겪어야 했던 그에게 시란 전쟁의 폐허 속에서 황량하게 살아가는 이의 고독한 돌파구였다. 도시 문명의 우울과 비애를 노래한 박인환이 살아생전에 낸 시집은 단 한 권뿐이다. 서른한 살의 나이로 세상을 떠난 그는 모더니즘 시의 대표 작가이자 전후 문단의 지평을 넓힌 시인으로 평가받는다.

박인환를 논할 때 마리서사를 빼놓을 수 없을 것이다. 1945년 말부터 1948년 봄까지 그는 국내외 문예서적을 전문적으로 취급한 이 서점을 운영했다. 한국 시의 현대적 감수성을 한 단계 끌어올린 시인 김광균은 20평이 채 되지 않는 마리서사에 대부분 문학서적이 있었다고 기억했다.[1] 이곳에는 다른 서점에서 보기 힘든 '모던한 면모'가 있었다. 일반적으로 서점 내부의 모습을 자세히 기억하는 증언은 무척 찾기 힘든데, 마리서사의 공간을 세세하게 묘사한 회고가 상당수 남아 있는 이유다. 그만큼 시각적으로 다채로운 서점이었던 것이다.

> 벌써 17~18년 전 일이지만, 동쪽의 널따란 유리 진열장에 그린 〈아르르강〉이라는 도안 글씨이며, 가게 안에 놓인 커다란 유리장 속에 든 멜류알, 니시와키 준사부로의 시집들이며, 용수철 같은 수염이 뻗친 달리의 사진이 2~3년 전의 일처럼 눈에 선하다.[2]

시인 김수영이 남긴 이 글에 언급된 '아르르강'은 프랑스에서 가장 긴 강인 루아르강을 지칭하는 것 같다. 그리고 니시와키 준사부로는 일본의 대표적인 모더니즘 시인 중 하나다. 흥미로운 건 스페인의 초현실주의 화가 살바도르 달리의 사진을 서점 한 구석에 두었다는 사실이다. 달리는 상식을 깨부수는 천재 괴짜 화가로 알려져 있다. 녹아 흘러내리는 시계로 유명한 그림 〈기억의 지속〉이 그의 대표작이다. 아마도 김수영은 길게 솟아 휘어진 콧수염에 눈을 동그랗게 뜬 달리의 모습이 매우 인상적이었던 모양이다.

그 서점 안에는 숱한 시서詩書가 있었다. 내가 동경에서 대개 만져보던 책들이 많았던 것으로 기억된다. 마치 외국 서점에 들어온 기분이었다. 기억에는 외국의 현대 시인 시집, 그것도 일본어로 번역된 것과 원서들로 메워져 있었다. 그중에 지금 기억에 떠오르는 것은 앙드레 브르통의 책들과 폴 엘뤼아르의 『처녀 수태』라는 호화판 시집이라든지, 마리 로랑생 시집, 콕토 시집 등이 있었다. 일본의 고세이가쿠에서 나온 '현대의 예술과 비평'이라는 총서가 거의 있었고, 하루야마 유키오가 편찬한 《시와 시론》의 낱권 된 질도 있었고, 일본의 유명한 시 잡지 《오르페온》, 《판테온》, 《신영토》, 《황지》 등도 있었고, 제일서방의 《세르판》 월간 잡지 등도 있었다. 거의 자기의 장서를 내다놓았다는 이야기였다. 얼마 후 일본에서도 유명했던 가마쿠라 문고라는 출판사에서 나온 『세계문화』를 거의 갖고 있었다는 것은 그 당시로서는 놀랄 일이 아닐 수 없었다.[3]

시인 양병식은 마리서사가 마치 외국 서점처럼 외서가 많았다고 회고한다. 박인환이 마리서사에 비치한 책들은 다른 데서 찾아보기 힘든 예술가들의 시집이었다. 앙드레 브르통은 20세기 초현실주의를 대표하는 프랑스의 시인이자 미술 이론가이고, 장 콕도는 여러 방면에 다재다능한 끼를 발휘한 프랑스의 시인이다. 마리 로랑생은 세계 미술사에서 색채를 가장 아름답게 표현해낸 작가로 꼽히는 프랑스의 화가이자 판화 제작자다.

박인환은 일본 시에도 관심이 많았다. 양병식이 언급한 "일본의 고세이가쿠에서 나온 '현대의 예술과 비평'이라는 총서"에는 일본의 모더니즘 시인 안자이 후유에가 1929년에 펴낸 시집 『군함말리軍艦茉莉』가 포함되어 있었다. 하루야마 유키오는 1928년에 창간한 《시와 시론》의 편집을 맡은 시인이자 이론가다. 이 인용에는 빠져 있지만, 양병식은 박인환이 또 다른 모더니즘 시인 니시와키 준사부로도 매우 좋아했다고 회고했다. 김수영이 기억하듯 니시와키 준사부로의 시집이 마리서사에 진열되었던 이유다. 이처럼 마리서사의 서가는 한국 모더니즘 시의 태동에 영향을 미친 프랑스 작가, 그리고 일본 모더니즘 작가의 책으로 큐레이션되었다.

1947년 3월, 박인환은 애정하는 동료 임호권과 함께 마리서사 앞에서 사진을 찍었다. 포즈를 취한 두 사람 중 왼쪽이 임호권이고, 오른쪽이 박인환이다. 눈길이 가는 건 오른쪽 유리창에 있는 'LIBRAIRIE MAR……'라는 문구다. 'LIBRAIRIE'는 프랑스어로

마리서사 앞에서 박인환(오른쪽)이 시인 임호권(왼쪽)과 함께 찍은 사진. 박인환을 기리기 위해 동료 시인들이 펴낸 추모집 『세월이 가면』에 실려 있다.

서점이라는 뜻이니, 어렵지 않게 'LIBRAIRIE MAR……'는 마리서사를 프랑스어로 쓴 것임을 알 수 있다. 바로 밑에는 프랑스어로 문학Littérature, 시poésie, 희곡Drame, 미술Artistique이 적혀 있다. 프랑스 예술에 대한 그의 애정을 엿볼 수 있는 대목이다. 그 아래에는 '중외양서고가매입中外良書高價買入'이라는 한자 팻말이 있다. 해외 중고서적도 취급했음을 알 수 있는데, 실제로 김수영은 헌책을 팔기 위해 마리서사에 자주 들렀다.

마리서사라는 이름도 흥미롭다. 지금까지 살펴본 대부분의 서점은 ○○서점, ○○서적, ○○서림, ○○서관처럼 뒤에 서점을 뜻하는 단어를 합쳐 이름을 지었다. 그런데 마리서사는 그렇지 않은 데다가, 박인환이 부여한 의미가 무엇이든 간에 어감에서 풍기는 뉘앙스가 상당히 이질적이고 현대적이다. 지금도 전북 군산에 마

서점의 시대

리서사라는 독립서점이 운영 중인 점에서 알 수 있듯이, 이 서점의 이름은 21세기 감성에도 전혀 어색하지 않다. 모더니스트 시인 박인환의 감수성이 서점 이름에서도 잘 묻어나는 셈이다.

그런데 이 이름의 유래를 둘러싼 의견은 분분하다. 김수영은 안자이 후유에의 시집 제목인 『군함말리』에서 비롯되었다고 하고, 박인환의 부인 이정숙은 프랑스 예술가인 마리 로랑생의 이름에서 유래한다고 주장했다. 두 의견 가운데 무엇이 진실인지를 따지는 것은 무의미하다. 중요한 것은 안자이 후유에와 마리 로랑생 모두 박인환이 좋아하는 예술가라는 점이다. 마리서사라는 이름의 정확한 유래는 알 길이 없지만, 안자이 후유에의 모더니즘 시와 마리 로랑생의 예술적 삶은 마리서사의 존재를 규정하는 중요한 모티브였다.

주변 동료들의 기억과는 다소 이질적으로 보이지만, 마리서사는 좌익 출판사인 노농사의 총판매소이기도 했다. 노농사는 스탈린 선집과 인민문고를 기획하면서 해방기 좌익 세력의 출판운동을 이끈 출판사였다. 《독립신보》 1947년 7월 8일자에 실린 책 광고를 보면, 마리서사에서는 『10월혁명에의 길』, 『민족문제』, 『쏘동맹민주주의』, 『조선근대혁명운동사』, 『반당파에 대한 비판』, 『사회과학사전』 등 노농사가 펴낸 사회과학서적을 판매했다. 원래 노농사의 총판매소는 우리서원이었지만, 미군정의 탄압으로 좌익서적출판협의회와 우리서원의 활동이 위축되자 마리서사가 판매

《독립신보》 1947년 7월 8일자에 실린 마리서사의 책 광고. 노농사가 펴낸 좌익서 적들에 대한 정보를 담고 있는 광고로, 마리서사가 노농사의 총판매소였음을 알 수 있다.

를 맡은 듯하다. 박인환이 평소 좌익 작가들과 활발하게 교류했기에 가능한 일이었을 것이다. 1948년 봄에 마리서사가 문을 닫은건 박인환이 서점에 제대로 붙어 있지 않은 탓도 있지만, 무엇보다 1947년 하반기의 대대적인 금서 압수 사건으로 경영에 타격을 입은 게 결정적인 이유였다.[4]

마리서사는 일종의 살롱으로서 "문학청년들이 모여서 떠드는 소굴"이었다.[5] 박인환의 책방에는 〈눈물 젖은 두만강〉의 작곡가 이시우, 화가이자 시인으로 활동한 조우식, '인민의 시인'으로 살다 간 배인철, 뛰어난 후배 시인들을 발굴한 이한직, 해방공간에서 모더니즘 시 운동을 적극적으로 펼친 임호권 등이 자주 얼굴을 내밀었다. 덕분에 마리서사를 개점할 당시에 시인 지망생이었던 박인환은 많은 시인들과 교유할 수 있었다. 이때 그는 김기림, 김광균, 오장환, 김수영, 김경린, 김병욱 등과 어울리면서 모더니스트 시인의 일원이 된다. 또한 마리서사는 해방기 문화예술인, 특히 모더니스트 시인들이 들락날락하는 아지트가 된다. 이를 두고 김수영은 "우리 문단에도 해방 이후에 짧은 시간이기는 했지만 가장 자유로웠던, 좌우의 구별이 없던, 몽마르트르 같은 분위기가 있었다"라며 자랑스러워했다.[6] 즉 마리서사는 이들에게 이데올로기에 구애받지 않아도 되는 '자유의 공간'이었다.

이곳의 살롱 문화를 통해 많은 이들은 새로운 관계를 맺게 된다. 김수영은 마리서사를 통해 박일영과 김병욱이라는 좋은 친구를 만났다고 회고한 바 있다. 1949년 김경린, 임호권, 양병식, 김수영, 박인환이 의기투합하여 『새로운 도시와 시민들의 합창』이라는 시집을 낼 수 있었던 것은 이들이 평상시 마리서사를 아지트 삼아 시를 논해왔기 때문이다(시집은 마리서사가 문을 닫은 뒤 발행되었다). 이 시집은 해방 후 처음으로 모더니즘을 표방했다는 점에서 한국문학사에서도 의미가 있다.

문학 살롱으로서의 서점

문학 살롱으로서의 서점은 마리서사에서 끝나지 않는다. 1945년 11월에 개업한 문예서림은 서울의 명동 입구에서 40년이나 붙박이로 버텨온 서점이다. 그만큼 숱한 일화를 남겼는데, 창업자 김희봉은 일제강점기에 일본출판배급주식회사 경성 지점에서 근무한 이력이 있는 서적상이었다. 해방 후 그는 경력을 살려 명동극장 옆에 11평짜리 서점을 마련한다.[7] 문예서림은 1970년대에는 서울에서 잡지가 제일 잘 나가는 곳으로 정평이 날 만큼 잡지를 많이 판매한 서점이었고, 명동 일대에 수많은 서점들이 나타났다가 사라지기를 반복하는 와중에도 '명동 문화의 파수꾼'으로 명맥을 유지했다. 이후 명동이 금융과 상업의 거리로 바뀔 때 주위에서 업종을 바꾸라고 유혹해도 김희봉은 꿋꿋하게 버텨냈다.

문예서림에는 유명한 문인들이 줄을 이어 찾아갔다. 땡초 시인으로 유명한 최영해, 불꽃같이 살다 간 전혜린, 허무주의자 공초 오상순, '명동 백작' 이봉구 등 당대 문인들이 단골로 이곳을 드나들었다. 그 이유는 문예서림이 《문예》와 《신인》이라는 잡지를 만들었기 때문이다. 소설가 이봉구에 따르면, 문예서림 안에 있던 편집실로 수많은 문인들이 들락날락했다고 한다.[8] 이곳은 문학 지망생들에게 꿈을 심어준 명동 문학의 산실로, 그야말로 읽고 쓰는 사람들을 위한 아지트였다.

제주도의 우생당도 문인들과 연관이 깊은 곳이다. 한국전쟁이 발발하자 제주도에는 수많은 피난민이 몰려들었다. 그중 『백치 아다다』를 쓴 작가로 유명한 계용묵도 있었다. 그는 1951년 초부터 1954년 6월까지 제주도에 머물면서 동백다방과 카네이션다방에서 문학 지망생들의 작품을 지도했다. 문학 지망생들은 《별무리》라는 동인지를 간행할 때 그에게 도움을 청하기도 했다. 제주

濟州邑及濟州郡濟州邑內
初中各學校用國定敎科書
冩政法令集　朝鮮圖書、文
具　株式會社　濟州販賣所
眞亞日報社　濟州道支局
學生社　濟州道支社
紙文房具
書籍雜誌　友生堂
敎育用品
主　高淳河
　　鄭斗錫
電一〇七番

《제주신보》1947년 2월 24일자에 실린 광고. 왼쪽에 우생당의 두 대표 고순하와 정두석의 이름이 적혀 있다. 이곳에서 국정교과서, 군정법령집, 조선 도서 등을 주로 판매했고, 여러 활동을 겸했음을 확인할 수 있다.

도 문단의 원로 가운데 이 동인지 출신이 많다는 점으로 미루어볼 때, 계용묵은 제주 문학의 형성과 발전에 상당한 영향을 미치면서 의미심장한 족적을 남겼다고 할 수 있다.

그는 우생당이라는 서점에 자주 드나들었는데, 서점의 이름은 '친구가 생기는 집'이라는 뜻이다.《제주신보》1947년 2월 24일자에 실린 광고를 보면, 서점 대표는 고순하와 정두석이었고 국정교과서, 군정법령집, 조선 도서 등을 취급했다. 또한 문구주식회사 제주판매소이자 동아일보사 제주도지국, 그리고 학생사 제주도 지사도 겸하고 있었다. 초창기 우생당은 책을 판매하는 곳일 뿐만 아니라 제주도에서 학교 교육과 교양을 망라한 문화공간이었다.

그런데 이 광고가 나간 뒤 닷새 만에 정두석은 경영 일선에서 물러난다. 1947년 3·1절 발포 사건에 연루된 탓이다. 제주 4·3항쟁의 전초전이었던 이 사건으로 우생당은 공동창업자 한 명을 잃는다. 이러한 변화는 《제주신보》 1947년 8월 20일자에서 확인할수 있다. '초중등 국정교과서 지정 공급처'인 우생당의 대표로 고순하의 이름만 보이는 것이다. 대략 이때부터 우생당은 고순하가혼자 운영했고, 이후 고현권, 고지훈이 이곳의 역사를 이어갔다.

고순하는 문인들을 후원하는 데도 힘썼다. 계용묵이 《신문화》라는 종합 교양지를 만들고 《흑산호》라는 동인지를 발간할 때, 고순하는 이를 후원했다. 그에 더해 우생출판사를 차려서 지식 생산에도 열정을 쏟았다. 출판 목록을 모두 확인하진 못했지만, 우생출판사에서는 서양 고전 번역에 주력했고 계용묵이 일을 도맡은것으로 보인다. 계용묵의 번역으로 출판사는 독자의 주목을 받을수 있었고, 계용묵은 피난지 제주도에서 생활비를 벌 수 있었다.

양서협동조합이 만든 서점들

소설가 김남일은 청년 시절 수원의 역전 길가에 있던 서점의 단골이었다. 그의 회고에 따르면, 정체가 의심스러운 그 서점에는 늘자기 또래의 청년이 두서넛 있었다. 겨울철이면 누군가가 연탄난로 앞에 앉아 책에 코를 박고 꾸벅꾸벅 졸고 있었고, 독서 모임이있는 날에는 좁은 서점 안이 청년들로 가득 찼다. 묘하게도 그곳에서는 처음 보는 얼굴도 별로 낯설지 않았다. 이 모임에서는 『자본주의의 구조와 발전』이라든지 『한국의 경제』 등의 일본어 책을 더듬더듬 읽거나 『페다고지』, 『들어라 양키들아』, 『전환시대의 논리』, 『산체스네 아이들』, 『어느 돌멩이의 외침』, 『꽃도 십자가도 없는 무덤』, 『암태도』 같은 책을 읽고 이야기를 나누었다.[9] 김남일이 언제부턴가 드나든 이 수상한 곳은 수원의 양서협동조합이 운영한 서점이었다.

양서협동조합은 한국 문화사에서 매우 독특한 위치에 있다. 경제적·사회적 지위 향상과 권익 등에 초점을 맞춘 여타의 협동조합에 비해 양서협동조합은 책을 매개로 사람을 조직하고 활동하는 데 초점을 맞추었다. 금서 지정이 난무하던 유신 말기에 주로 활동했는데, 쏟아져 나오는 책들 중에서 좋은 책을 선정하여 소개하고 함께 읽는 모임을 주선했다. 정치투쟁보다는 독서운동을 중심으로 문화운동을 표방한 것이다.

양서협동조합의 효시는 1978년 4월 5일에 창립한 부산양서협동조합이다. 출자한 사람이면 누구나 조합원이 될 수 있었고 출자액과 상관없이 1인 1표의 권리를 행사하는 등 진입 장벽이 낮았다. 1982년 3월에 서울양서협동조합이 문을 닫을 때까지 양서협동조합은 경남, 대구를 비롯하여 서울, 수원 등으로 확산되어 큰 호응을 얻으며 활발한 독서운동을 전개했다. 흥미로운 사실은 양서협동조합이 지역별로 서점을 운영했다는 점이다.

부산양서협동조합은 창립한 지 한 달이 채 지나지 않은 4월 22일

양서협동조합이 운영한 서점 현황

명칭	지역	창립	해산	직영서점
부산양서협동조합	부산	1978년 4월	1979년 11월	협동서점
경남양서보급회	마산	1978년 8월	1979년 7월	집현전
대구양서협동조합	대구	1978년 9월	1980년 5월	한양서점
서울양서협동조합	서울	1978년 11월	1982년 3월	양서의 집
울산양서협동조합	울산	1979년 초	1980년 10월	양서의 집
광주양서협동조합	광주	1979년 초	1980년 5월	
전주양서협동조합	전주	1979년 초	1980년 5월	
수원양서협동조합	수원	1979년 초	1980년 5월	양서의 집

보수동 헌책방거리에 협동서점을 열었다. 간판을 세로로 단 이 서점은 1층 입구부터 빼곡하게 책들을 꽂아두었다. 2층 다락방은 유신이라는 암울한 시대에 대화다운 대화가 오가는 사랑방 구실을 했다. 조합원들은 다락방에서 어학 공부, 지역사회개발 연구, 세미나, 종교 및 취미 생활 등 다양한 활동을 펼쳤다. 당시와 같은 시대 분위기에서 몇 시간이고 세상 돌아가는 이야기를 나눌 공간을 서점이 제공해주었다는 것은 기억해둘 만한 지점이다. 문제는 협소한 공간이었다. 조합원 수가 6~7개월 만에 세 배로 늘어나자 공간을 넓힐 필요가 있었다. 1979년 3월 5일에 부산시 대청동으로 서점을 이전한 이유다.

협동서점은 책방인 동시에 도서관이었다. 부산양서협동조합은 조합원들에게 양서 5권 이상을 서점에 내놓게 하여 유료 도서관을 운영했다. 조합원은 정가의 10퍼센트에 해당하는 비용을 지불

서점의 시대

부산양서조합이 보수동 헌책방거리에서 1878년 4월부터 운영한 협동서점의 모습. 1층 입구부터 책을 빼곡하게 진열했고, 2층은 조합원들의 사랑방으로 운영했다. 조합원이 빠르게 늘어나면서 다음 해 3월에는 대청동으로 이전했다.

하고 일주일 동안 책을 빌려볼 수 있었다. 부산양서협동조합은 보수동 헌책방거리를 방문한 이들에게 기존 서점과는 다른 협동서점을 알리기 위해 노력했다.[10] 그러자 권력은 더욱 촘촘한 감시망을 폈다. 협동서점은 감시의 눈길을 피해가며 사회 비판적인 책을 몰래몰래 팔곤 했다. 보수동 헌책방 골목의 후미진 구석에서 책을 둘러싼 숨바꼭질이 펼쳐진 것이다.

부산에 이어 마산에 경남양서보급회가 등장했는데, 한국철강에서 수년간 근무한 이광두와 서울에서 대학을 마친 박진해, 김진식이 의기투합하여 만들었다. 이들은 '경남'과 '양서 보급'을 내세우면서 좀 더 보편적인 독서운동을 전개하려 했던 것 같다. 경남양서보급회는 의욕적으로 양서보급운동에 나섰으며, 특히 회원들이 기탁한 책을 바탕으로 도서관운동을 중점적으로 펼쳤다.

경남양서보급회가 운영한 서점의 이름은 집현전이다. 이곳은 사회과학 분야의 외서를 전문적으로 출판한 진흥문화사와 특약을 체결하여 시중에서 구하기 어려운 책을 판매해보려 했다. 하지만 경남양서보급회의 대다수 멤버는 학생이거나 이제 막 직장에 취업한 이들이라서 서점을 차릴 자금을 마련하기가 쉽지 않았다. 다행히 마산 창동 입구의 시가지를 가로지르는 철도 건널목 옆에 가까스로 공간을 구할 수 있었다.[11]

양서협동조합은 지역별로 운영 방식이 달랐다. 부산과 서울의 경우 운동권과 거리를 둔 반면, 대구양서협동조합은 운동권과 밀접한 관계를 맺었다. 창립을 주도한 이가 운동권 출신이었기 때문인데, 이는 서점 운영에도 영향을 미쳤다. 1978년 7월 17일에 대구양서협동조합이 인수한 한양서점은 대구의 운동권 학생들에게 필요한 책을 구해주는 곳으로 유명했다. 또한 운동권 학생 사이의 정보 공유처이자 대학생과 노동 야학을 연결해주는 장이기도 했다. 하지만 지역 민주화운동의 거점 공간으로 경찰의 주목을 받으면서 활동이 점차 위축되었고, 서점 경영자 박명규는 5·17비상계엄으로 구금되기도 했다.

서울, 수원, 울산의 양서협동조합은 각각 양서의 집이라는 서점

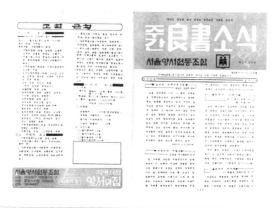

서울양서협동조합에서 펴낸 소식지 《주간 양서소식》 창간호. 광화문으로 이전하기 전에 펴낸 것으로, 협동조합의 활동을 안내하고 조합의 근황을 보고하면서 좋은 책을 소개하는 유인물이었다.

을 운영했다. 서울양서협동조합은 200여 명의 조합원이 출자한 자본금으로 신촌역 앞에 있는 2층 건물을 빌려 서점을 열었다. 그러다가 다음 해 4월에 접근성을 높이기 위해 광화문으로 서점을 이전했다. 서울양서협동조합이 운영한 양서의 집은 매월 10권의 책을 선정하여 판매했고, 1970년대에 나온 책 중에서 99권의 양서를 골라 조합원들에게 권했다. '악서고발창구'를 마련하여 출판문화의 풍토를 쇄신하려는 활동을 한 점도 흥미롭다.

하지만 양서협동조합운동은 부마항쟁과 5·18항쟁을 거치며 강제 해산의 길을 걷고 만다. 특히 부산협동조합은 용공조작 사건인 부림 사건에 연루되면서 큰 곤혹을 치른다. 지성사 측면에서 양서협동조합은 지식과 정보의 유통을 고민하고 실천한 독서 공동체였다. 금서가 난무하던 시절, 이곳은 책을 매개로 사람을 모으고 서점을 꾸려 나감으로써 서점의 존재 이유와 역할을 되새기게 했다. 이들의 역사적 유산은 1987년 민주화운동을 거치면서 도서관 운동으로 이어진다. 1988년 6월에 마산에서 탄생한 민간 도서관 책사랑은 양서협동조합의 대표적인 유산일 것이다.

오월의 광주, 녹두서점의 풍경

녹두서점은 채 서너 평이 안 되는 작은 매장 안쪽에 예닐곱 명이 들어앉으면 꽉 차는 작은 골방이 따로 있었다. 이 골방에 들어서 자면 문지방 위쪽에 걸린 녹두장군에게 반드시 경의를 표해야만 했다. 고개를 뻣뻣이 들고 들어갔다가는 나지막한 문지방이 이마 빡을 후려칠 것이니까. 첫 대면하는 날 남주 형은 방 아랫목에서 로마인처럼 비스듬히 누워 있었다. 군용 잠바를 입은 검은 안경 테의 시인은 뒹굴뒹굴하면서 일어나지도 않고 우리에게 물었다. "야, 늬들 책은 다 준비했냐?"[12]

안길정이 회고한 녹두서점 이야기는 퍽 정겹다. 이 글에 묘사된 녹두서점의 풍경은 크게 세 가지다. 서너 평밖에 되지 않는 좁은 매장과 그 안쪽에 딸린 골방 하나, 그리고 작디작은 골방의 문

서점의 시대

지방 위에 걸어놓은 녹두장군 전봉준의 초상. 녹두장군에게 경의를 표하고 들어가면, 골방 안에는 군용 점퍼를 입고 검은 테 안경을 쓴 채 아랫목에서 뒹굴뒹굴하는 시인 김남주가 있었다. 녹두서점은 1980년 5·18항쟁을 이야기할 때 빼놓을 수 없는 곳이다. 그 명칭에서 알 수 있듯이 이곳은 동학의 정신을 표방한 서점이자 불의한 시대에 양심을 지키고자 했던 이들의 비밀을 간직한 사랑방이었다.

1977년 7월에 문을 연 녹두서점은 아주 조그마한 헌책방으로, 60여 개의 헌책방이 즐비한 광주 계림동의 서점 거리에 있었다. 중고 교과서와 참고서 등을 학생들에게 팔던 녹두서점의 골방에는 지식에 목마른 청년들의 방문이 끊이지 않았다. 1978년 봄, 전남대 학생들은 이곳에 모여 일본어 책 독해 모임을 열었다.[13] 당시에 검열에 걸리지 않고 볼 수 있는 사회과학 책은 대부분 일본 서적이었다. 모임을 주도한 이는 혁명 시인 김남주였다. 외국어에 도통한 그는 후배들을 다그치며 모임을 이끌었다. 후배들이 어느 정도 일본어에 익숙해지자 그가 꺼내든 책은 무타이 리사쿠가 쓴 『현대의 휴머니즘』이었다. 무타이 리사쿠는 제2차 세계대전 이후에 평화 문제와 휴머니즘에 각별한 관심을 보인 철학자였고, 『현대의 휴머니즘』은 1970~80년대 운동권 학생들이 꽤나 많이 읽은 책으로 이들에게 세상을 바라보는 관점을 교정해주는 훌륭한 길잡이였다.

사실 김남주는 광주에서 서점을 운영한 적이 있다. 1975년 광주 동구 대의동의 경찰서 옆에 있던 카프카라는 서점이다. 7평 규모의 아담한 이 공간에는《창작과 비평》과《씨알의 소리》같은 잡지와 각종 사회과학 서적이 있었다.[14] 아마도 카프카는 광주뿐만 아니라 국내를 통틀어 사회과학서점의 효시일 것이다. 조태일, 양성우, 박몽구, 이영진 등의 시인이 이곳에서 죽치며 김남주를 괴롭혔다.[15] 이 외에도 박석무, 정동년, 정상용, 김상윤, 윤한봉처럼 훗날 1980년 5·18항쟁을 이끈 이들이 카프카를 아지트 삼아 지냈다.

녹두서점이 전남도청과 가까운 전남여고 쪽으로 옮긴 것은 문을 연 지 약 2년 6개월 만인 1979년 12월이었다.[16] 이때는 박정희 대통령의 죽음으로 일시적으로나마 '민주화의 봄'을 꿈꾼 시기였다. 하지만 새로운 시대에 대한 열망은 12·12쿠데타와 5·17비상계엄 확대 조치로 물거품이 되고 만다. 녹두서점을 운영한 김상윤은 1980년 5월 18일 직전에 예비검속되어 감옥으로 끌려간다.

긴박하게 돌아가던 오월의 광주에서 녹두서점은 일종의 상황실이었다. 1980년 5월 18일 이른 아침부터 이곳은 정체를 알 수 없는 사람들에게 끌려간 이들의 가족들과 돌아가는 상황을 알 수 없어 답답한 마음에 몰려든 대학생들로 붐볐다. 이들은 보고 들은 이야기를 서로서로 나누고 전했다. 녹두서점은 전남도청과 가까이 있는 만큼 계엄군을 피해 온 시민들의 대피 장소이기도 했다.

녹두서점의 공동 운영자 정현애는 서점에 들른 사람들에게 식사와 간단한 약을 제공했고, 상황이 어떻게 돌아가는지 알려주는 일을 자처했다. 시간이 지날수록 사람들은 녹두서점에 모여들었고, 사람들이 모인 만큼 여러 소식이 쌓여갔다.

광주의 활동가들은 이곳에 모여 항쟁이 나아가야 할 방향을 고민하고 그 방법을 모색했다. 특히 들불야학에서 학생들을 가르치며 더 나은 세상을 꿈꾼 윤상원은 녹두서점과 전남도청을 바쁘게 오가며 '무명의 상황실장'으로 활약했다. 무엇보다도 그는 녹두서점을 거점 삼아 시위 현장을 살피는 데 주력했다.[17] 현장에서 돌아올 때마다 녹두서점의 전화통을 붙들고 서울 등 각처로 광주의 상황을 알렸고, 다른 지역의 소식을 전달받아 광주 시민들에게 전했다. 이 과정에서 윤상원은 광주에서 벌어진 참상과 시민들이 목숨을 걸고 불의에 맞서 싸운 사실을 외신으로 알려야 한다는 생각을 한 것으로 보인다.

당시 언론은 광주에서 일어난 일을 외면했다. 언론이 진실에 등을 돌리자 윤상원을 비롯한 들불야학 사람들은 광주 시민의 눈과 입이 되기로 결심한다. 이들은 우선 유인물을 제작해 정확한 소식을 전했다. 그 비용은 녹두서점이 책을 팔아 번 돈으로 충당했다. 1980년 5월 19일에 광주시민민주투쟁협의회 명의로 나온 「호소문」은 녹두서점을 거점으로 활동하던 광주의 활동가들이 공동 제작한 첫 결과물이다. 이 「호소문」은 지도부가 부재한 상황을 타

광주시민민주투쟁협의회에서 1980년 5월 22일 단면으로 펴낸 《투사회보》제2호. 전날 녹두서점에서 열린 회의에서 제작이 결정된 뒤 두 번째로 발간한 것이다.

개하고자 5월 20일에 금남로로 집결할 것을 제안했다.[18] 들불야학의 선전 활동은 5·18항쟁의 대변지라 할 수 있는 《투사회보》의 제작으로 이어진다. 이는 5월 21일 녹두서점에서 열린 회의에서 결정된 사안이었다.

5월 22일에 계엄군이 철수하자 '해방 광주'가 도래했다. 이날부터 광주는 일종의 자치 공동체를 형성하였다. 전남도청 앞 광장에서는 매일 시민 궐기대회가 열렸고, 녹두서점은 이를 준비하는 이들로 붐볐다. 구석에서 궐기문을 작성하는 사람들, 검은 리본을 만드는 사람들, 화형식에 필요한 허수아비를 제작하는 사람들, 《투사회보》를 가지고 나가는 사람들, 무언가를 읽고 있는 사람들이 서점을 꽉 채웠다.[19] 책방, 방 안, 뒷마당, 뒷방 등에서 각자 맡은 일을 하는 사람들이 녹두서점을 지키고 있었다.

녹두서점은 항쟁을 주도한 이들의 집합 장소이자 상황실로 기능하면서 5월 18일부터 5월 24일까지 5·18항쟁의 중심에 있었다. 그런데 갈수록 사람들이 몰려들어 서점이 매우 비좁은 데다가 공공 공간인 만큼 보안이 취약한 점이 문제로 대두되었다. 결국 녹두서점에서 진행하던 일들을 광주YWCA로 옮겼다. 일이 빠져나가고 나니 분주하던 서점은 점차 한가해졌다. 시민군이 두고 간 총들이 서점 여기저기에 흩어져 있을 뿐이었다.[20]

3장

서점과 동고동락한 여성들

근대 서점의 역사에서 여성의 자취를 발견하기란 쉽지 않다. 여성이 사업가로서 서점을 운영하는 것은 능력과 수완이 있더라도 사회적 여건상 쉬이 용납되지 않았기 때문이다. 여성의 사회 진출에 대한 문턱이 서점업에만 있었던 것은 아니지만, 능력뿐만 아니라 어느 정도의 자본을 겸비해야 이 일을 할 수 있는 만큼 여성이 뛰어들기 더욱 어려운 지점이 있었을 듯하다. 게다가 그런 사례가 있더라도 기록이 절대적으로 부족하다. 그럼에도 듬성듬성 흩어진 자료들을 모아 여성들이 꾸린 서점의 역사를 추적해보았다. 이들이 뿌린 씨앗의 편린이 우리 서점의 역사 가운데 녹아 있음을 밝히기 위해서다. 촘촘하지는 않더라도 이 기록이 향후 여성 서점인을 연구하는 데 밑거름이 되길 바란다.

서점은 나의 주체적인 일, 미모사를 꾸린 여성

서점은 언제부터 시작하셨습니까?

작년(1936년) 8월부터인가 봅니다.

서점을 경영하려는 계획은 언제부터 가지셨나요?

글쎄요. 저의 힘으로 무엇이나 한 가지 자영自營하여보려는 생각을
가지기는 제가 서양 사람의 학교를 그만두던 때부터이니 지금으로
부터 이미 5년 전인가 봅니다.

그런 생각을 가지게 된 동기는 무엇입니까?

생활이 곤란하니 저의 힘으로 생계를 도우려는 생각으로요. 누구에
게 매여 일한다면 시간에 구속을 받게 되니까 아이들의 교육에 힘
쓸 시간을 못 가지게 됩니다그려. 그리고 저는 언제나 주체적으로
계획을 세우고 스스로가 그 일에 열중하고 싶었습니다.[1]

　서울 동소문동의 동성상업학교(지금의 동성고등학교) 가는 길가
에는 미모사라는 고서점이 나지막하게 있었다. 서점 대표 이준숙
은 이화여자전문학교를 나온 뒤 다년간 교사로 근무한 이력이 있
는 신여성이었다. 당시 여성 중에 학교교육을 받은 이는 극소수였
다. 더군다나 전문학교 출신 여성이 운영하는 고서점은 식민지 조
선을 통틀어도 매우 드문 사례. 지금까지 살펴본 서점의 역사가
남성 중심적이라는 사실에 비추어봤을 때, 미모사는 여러모로 흥

미로운 서점이다. 문제는 미모사에 관한 자료가 거의 없다는 것인데, 다행히 《삼천리》 기자가 미모사를 방문하여 이준숙을 인터뷰한 바 있다. 아쉬운 대로 그 내용을 따라가보자.

이 인터뷰에는 상당히 유용한 정보들이 실려 있다. 가장 먼저 눈에 들어오는 내용은 미모사 창립 시기가 1936년 8월이라는 점이다. 1930년대는 취업에 대한 여성의 인식과 열망이 높아진 시기인데, 이를 두고 사회적으로는 여성의 취업에 따른 문제를 경계하는 목소리가 나오기 시작한다.[2] 심지어 생계 이외의 취업은 여성의 허영심 때문이라는 주장도 있었다. 이런 분위기에서 여성이 서점을 차리기는 녹록지 않았을 것이다.

이준숙은 서점을 차린 배경으로 가장 먼저 이 일이 자녀 교육에 신경 쓰면서 생계를 책임지는 데 적합하다는 점을 든다. 그의 언술에서 '어머니'라는 정체성과 '가장'으로서의 책임감이 엿보인다. 이는 서점을 운영한 남성들의 언술과 차별화되는 지점이다. 서점의 설립 배경을 언급할 때 남성들은 공적인 이유를 강조하는 경향이 있는 데 반해, 이준숙은 사적인 이유를 든 것이다. 많은 남성들에게 서점이 상업적 목적을 위한 사업 아이템이면서도 계몽의 첨병이었다면, 이준숙에게 서점은 가족을 부양하는 데 필요한 생계 수단이자 생활 방편이었다. 먹고살 길이 막막한 상황에서 돈을 벌면서 가족을 돌보기 위해 서점업에 뛰어든 것이다.

그렇다고 이준숙이 서점을 생계 수단으로만 여긴 것은 아니다.

그는 "주체적으로 계획을 세우는" 것과 "스스로가 그 일에 열중" 하는 삶에 대한 동경을 품고 있었다. 생활고를 해결하는 것이 서점을 차린 가장 큰 이유였지만, 자기 자신에게 충실한 주체적인 삶을 살아가려는 의지도 있었던 것이다. 서점은 이준숙에게 '자기만의 방'이 되어주었고, 삶을 주체적으로 이끌어가는 데 필요한 공간이었다. 당시 식민지 조선의 여성운동은 진영에 상관없이 여성의 자립을 북돋우면서 직업의 중요성을 역설했다. 여성이 취업을 통해 경제적으로 독립해야 남성에게 종속되지 않으리라고 보았기 때문이다.

처음 장사를 준비하는 만큼 이준숙은 장소 선별에 신중을 기했다. 자금이 넉넉하다면 경성 제일의 번화가인 본정이나 관훈정(지금의 관훈동)에 자리를 잡았겠지만, 살림이 넉넉지 않았을 테니 마음에 드는 곳을 발견해도 번번이 포기해야 했을 것이다. 그는 서울을 샅샅이 돌아다니다가 5개월이 걸려서야 마땅한 데를 찾을 수 있었다. 다행히 미모사가 자리한 곳은 주변에 학교가 많아 지식인층과 학생층의 유동 인구가 많았다. 서점으로 쓸 공간을 빌리고 수선하는 데 든 돈은 100원 남짓이었다. 책과 서가는 집에 있던 것으로 대신했지만, 이것저것 합쳐보니 초기 비용으로 400원 정도가 들었다.

고서점 미모사는 책을 팔기보다 사들이기 바빴다. 집에 있는 책만으로 서점을 꾸리는 건 한계가 분명했기 때문이다. 미모사의 장

여성 대표가 운영한 서점인 미모사에서는 출판도 병행했다. 1937년에『홍장미
필 때』라는 서간집을 처음 펴냈는데, 아쉽게도 미모사는 1940년에 문을 닫았다.

사 규모는 처음에 비해 열 배 이상 늘어났지만 여전히 판매보다 매입이 많았다. 미모사는 주로 일본에서 고서를 구입했다. 예를 들어 이준숙은 나우카 출판사가 책을 처분할 때면 좋은 책을 퍽 싼 가격에 구입할 수 있었다고 했다. 나우카는 러시아 관련 서적을 전문적으로 내는 출판사였다. 미모사에서 제일 많이 팔린 책은 문예서적. 그밖에 일본 잡지《영화지우映畵之友》와 조선 잡지《삼천리》,《조광》,《여성》 등이 많이 팔려 나갔다.

이후 어느 정도 서점의 기반이 잡히자 미모사는 출판업으로 영역을 확장했다. 지금까지 확인할 수 있는 미모사의 책은『홍장미 필 때』(1937)와『백공작』(1938),『나의 화환』(1939)이 전부다.『홍장미 필 때』와『나의 화환』은 서간집이고『백공작』은 시집이다. 미모사는 대략 1940년 무렵에 문을 닫은 것으로 보인다.[3]

서점의 시대

피식민지인과 연대한 가메야서점

이준숙의 인터뷰에서 눈에 띄는 내용 중 하나는 "늘 여러 서점을 돌아보던 중 모 대학의 교수 부인이 자기 남편이 모 사건으로 감옥에 들어가자 남편이 가지고 있던 서책을 가지고 본정에 서점을 경영한" 이야기이다. 심지어 이 서점은 "상상 이상으로" 장사가 잘되었다. 여기서 이준숙이 언급한 '모 대학의 교수'는 경성제국대학 교수 미야케 시카노스케다. 그는 사회주의자 이재유에게 도피처를 제공했다가 '범죄자'를 숨겨준 혐의로 징역 3년 형을 받은 인물이다. 아내 미야케 히데코도 공범으로 몰려 취조받았으나 다행히 기소유예로 풀려났다. 이들은 일제강점기에 식민 지배 집단에 속하면서도 그 지배의 기획을 부정하고 피식민지인들과 연대를 추구한 매우 드문 사례다.[4]

《동아일보》 1935년 8월 24일자는 미야케 시카노스케가 공판에 회부된 사실을 보도했다. 제국의 대학에 몸담은 교수가 조선인 혁명가들과 함께 '작당 모의'한 사건은 식민지 조선에 엄청난 반향을 불러일으켰다. 그런데 이 기사에서 주목하고 싶은 것은 "아내는 구옥서점 경영"이라는 부제다. 이 말인즉슨 징역 3년 형을 언도받은 미야케 시카노스케의 부인 미야케 히데코가 구옥서점, 즉 가메야서점龜屋書店을 운영했다는 것이다.

『고서점의 문화사』를 쓴 이중연의 말마따나 경성제대에서 미야

《동아일보》 1935년 8월 24일자에 실린 기사. 경성제국대학 미야케 시카노스케 교수가 징역 3년 형을 선고받고 교수직도 삭탈당한 사건을 보도한 기사에 그의 아내가 '구옥서점'을 운영한다는 내용이 실려 있다.

케 교수네 가족의 불안해진 생계를 책임질 리 없었다.[5] 히데코는 아이들을 위해서라도 돈을 벌어야 했다. 아마도 대책을 고심하다 가 남편의 서가에 꽂힌 책들이 눈에 들어왔을 것이다. 제국대학 교수가 사 모은 책인 만큼 장사 밑천으로 삼기에 충분했을 터. 히 데코는 가장으로서 서점을 차리기로 결심했다.

히데코가 서점을 차리겠다고 나서자 조선인 혁명가들의 도움 이 이어졌다. 혁명가 김윤회는 친구를 직원으로 알선했고, 미야케 시카노스케의 제자인 이종률은 히데코에게 2000원이라는 거금을 후원했다. 그렇게 해서 1934년 11월에 히데코는 가메야서점을 열 수 있었다. 미모사보다 2년 먼저 문을 열었으니, 경성에서 처음으 로 여성이 운영하는 서점이 등장한 것이다. 히데코는 조선인 혁명가들의 도움을 잊지 않았다. 얼마 지나지 않아서 김윤회가 경찰에 쫓기는 신세가 되자 히데코는 그에게 두 번에 걸쳐 12원의 도피 자금을 제공했다. 이처럼 가메야서점은 동아시아 혁명가들의 한일 연대를 잘 보여주는 사례다. 하지만 피식민지인과 연대한 만큼 어려움도 상당했다. 무엇보다도 가메야서점은 '배신자'라는 낙인을 감수해야만 했다. 히데코가 생활 방편으로 운영한 서점으로 "때때로 두세 명의 청년들이 몰려와 진열된 책에 침을 뱉는" 일이 벌어졌다.[6]

> 문: 소생은 항상 문예 소설을 보고 싶으나 기원식幾圓式(돈을 주는 식으로) 주고 사보기는 어려운 형편이어서 고본을 강독하려고 하오니 도쿄에서 고본을 풍부히 파는 서점을 두 군데 정도만 알려주십시오. -강원 산골 사람
>
> 답: 고본古本이라도 도쿄 것을 사오려면 별로 싸지도 못합니다. 만약 도쿄에 아시는 분이 계시거든 그분에게 부탁해서 사는 것이 편리할 것입니다. 그것보담도 경성부 본정 구옥서점으로 한번 주문해보시오.[7]

가메야서점은 제국대학 교수의 서재를 발판 삼은 만큼 신간보다 고서를 주로 취급했다. 특히 식민지 조선에서 구하기 어려운 고서들을 구해다가 판매한 모양이다. 이는 독자의 질문에 답해주

던 《조선일보》의 '지상고문紙上顧問' 문답을 통해 알 수 있다. 산골 사람이라고 밝힌 독자가 도쿄의 고서점을 소개해달라고 문의하자 도쿄의 지인에게 부탁하거나 경성 본정의 가메야서점에 주문해보라고 답변한 것이다.

한국문학사에 등장하는 가메야서점은 젊은 시인들이 모여 만든 《시인부락》의 아지트였다. 《시인부락》은 1936년 11월에 서정주의 주도로 창간한 시 동인지다. 명동 백작 이봉구, 남만서방이라는 서점을 운영한 시인 오장환, 해바라기의 시인 함형수 등이 참여한 《시인부락》은 '동인지의 시대'였던 1930년대에 시를 전문적으로 다룬 동인지로서 특별한 의미가 있다. 이들 동인은 술값이 아쉬울 때면 휘가로다방 맞은편에 있는 가메야서점으로 달려가 신세를 졌다.[8] 주로 이봉구, 오장환, 이성범이 가메야서점의 '민폐 손님'이었다. 그러면서 이 젊은 시인들은 어깨너머로 고서 거래의 지식을 쌓은 것으로 보인다.[9]

여성운동가 김운영의 전주 민중사서점

이제는 눈을 돌려 경성 밖 지역 서점의 사례를 살펴보자. 사실 지역 서점에 대한 기록이 많지 않은 판에 여성이 꾸린 지역 서점 이야기를 찾기란 더더욱 만만치 않은 일이다. 그런데 우연찮게 『조

◎民衆社書店（電話四六二番）

所在地　全州本町二丁目
特色　正札販賣主義、薄利多賣主義
營業　內外圖書、雜誌、出版、
科目　及取次並文房諸具

同書店은 大正十五年九月一日에 設立되엿는바 主務는 李龍基氏외 同書店의 主人은 金雲英氏요 일즉 京城貞信女學校를 卒業한 新女史이외라. 同書店은 特히 特許民衆的으로 書店을 經營하는바 本位의 書店이외다. 그리하고 特히 正札販賣主義를 實行하야 「에누리」의 惡習을 打破하는 中이오 同時에 薄利主義下에서 多賣로써 爲主한다 합니다.

全州之部

『조선인회사·대상점사전』에 수록된 전주 민중사서점 관련 정보. 정신여학교를 졸업한 김운영이 운영한 서점으로, '정찰 판매'와 '박리다매'를 추구했다.

선인회사·대상점사전』에서 흥미로운 사례를 발견했다. 1부에서도 언급한 이 책은 1927년 부업세계사가 발행한 일종의 카탈로그로, 발행 1년여 만에 3쇄를 찍을 정도로 큰 주목을 받았다. 식민지 조선의 사회·경제사를 연구할 때 반드시 참조해야 하는 자료중 하나인데, 주요 회사와 상점에 대한 정보를 상세히 담고 있으며 지역별 주요 출판사와 서점도 자세히 다루었다. 이 중에서 전북 전주의 본정에 자리한 민중사서점을 눈여겨볼 필요가 있다.

『조선인회사·대상점사전』은 민중사서점의 특징으로 '정찰 판매주의'와 '박리다매주의'를 꼽았다. 에누리 없이 정가로 팔되, 이익을 적게 보고 여러 책을 한꺼번에 많이 판매한 것이다.[10] 이 카탈로그에 따르면, 서점 주인은 김운영이고 실무는 이용기가 맡았다. 별도로 김운영이 정신여학교를 졸업한 신여성임을 밝혀두었다. 민중사서점의 창립 시기는 1926년 9월 1일인데, 경성이 아니라 전주에서 서점을 차렸을 뿐만 아니라 미야케 히데코의 가메야 서점(1934년 11월)과 이준숙의 미모사(1936년 8월)보다 훨씬 일찍 문을 열었다.

알고 보니 서점 주인 김운영은 전주의 대표적인 민족주의자 김인전 목사의 딸이었다. 그는 전주여자청년회 총무(1925)와 근우회 전주지회 위원(1927)을 맡을 만큼 지역 여성운동에 적극 관여한 인물이다.[11] 김운영이 서점을 차린 시기는 그가 한창 여성운동에 열중하던 때인데, 혹시 여성운동의 일환으로 서점을 차린 건 아니었을까. 여하튼 전주의 대표적인 여성운동가가 운영한 책방인 민중사서점은 남성 중심의 서점 역사에서 여성의 적극적인 활약을 보여준다는 점에서 매우 의미심장하다.

서점의 실무를 맡은 이용기는 1920년대 전주의 사회운동을 이끈 핵심 인사 중 한 명이었다. 이를테면 1926년 10월 30일 전주청년회가 러시아혁명 기념 행사의 일환으로 네 명의 강연자를 선정했을 때, 그중 한 명이 이용기였다.[12] 이때 강연 주제는 '러시아혁명의 사적 고찰'이었다. 그는 전주의 각종 노동단체와 사회단체에 얼굴을 내밀며 전방위적으로 뛰어다닌 활동가이면서 동시에 조선일보사 전주지국장을 역임하며 지역의 언론운동을 이끈 기자였다. 여기서 궁금한 건 이 둘의 관계다. 민중사서점의 대표인 김운영과 실무자인 이용기는 어떤 관계였을까? 이 부분은 차후에 지역사 연구를 통해 밝혀 나갈 예정이다.

전주 유지 박종만 씨는 금반 민중사서점을 매수하여 전주 대화정 남
문 내에서 개점하고 제반 업무를 일층 확장하는 동시에 친절 정녕과
박리다매의 주의로 각종 잡화를 판매하는 중이라더라.[13]

민중사서점의 운영 기간은 그리 길지 않았다. 문을 연 지 1년이
조금 지난 시기에 전주 유지인 박종만에게 운영권이 넘어간 것이
다. 이후 전주 본정에서 대화정 남문 밖으로 이전하고, 잡화류 판
매 등을 겸하는 점포로 바뀐 듯하다. 김운영과 이용기가 민중사서
점의 운영을 포기한 이유는 무엇일까. 외부 활동이 많아지면서 불
가피하게 서점 문을 닫아야 했던 것일까.

민중사서점의 새 운영자인 박종만은 대외 활동에도 신경을 썼
던 것으로 보인다. 동아일보사 전주지국은 신속한 보도를 위해
1928년 3월 시내 다섯 군데에 투서함을 설치했는데, 동아일보 전
주지국 앞, 신원점 앞, 민중사서점 앞, 문우당서점 앞, 진안자동차
부 앞이었다.[14] 시민들의 제보를 받기 위한 투서함인 만큼 분명 사
람들의 왕래가 잦은 곳에 설치했을 것이다. 민중사서점은 그만큼
지역사회에서 인지도가 높았던 것으로 추정된다. 그런데 1936년
에 김광근이라는 인물이 전주에 방문했을 때 "시내에 서점이 통
없고 읽을 만한 책이 없는 데" 놀랐다는 점으로 볼 때, 민중사서
점은 1920년대 후반까지 활발하게 영업하다가 1930년대 중반 이
전에 사라진 것으로 보인다.[15]

혜화동 로터리의 터줏대감, 동양서림

1975년에 개봉한 영화 〈바보들의 행진〉은 유신 시대를 살아가는 청년들의 이야기를 자조적으로 풀어낸 문제작이다. 영화의 서사는 Y대 철학과에 다니는 병태와 H대 불문과에 재학 중인 영자의 연애와 이별, 그리고 재회를 중심으로 흘러간다. 이 작품은 유신 시대의 암울함을 코미디로 풀어냄으로써 역설적으로 청년들의 현실을 더 진하게 그려낸다. 뜬금없이 영화 이야기를 꺼낸 이유는 영화 중간에 등장하는 서점 때문이다. 리포트를 대신 써달라는 영자의 부탁을 받은 병태가 한달음에 뛰어가서 알베르 카뮈의 『이방인』을 구입하는 장면에서다.

잠깐이지만 〈바보들의 행진〉에 등장하는 이 서점은 서울 혜화동 로터리에서 반세기 넘도록 자리를 지키고 있는 동양서림이다. 영화는 유튜브에서 볼 수 있는데, 시작 후 23분 즈음에 병태가 한 서점으로 뛰어가는 장면이 나온다. 혜화문구, 관상소, 성진약국 등이 즐비한 혜화동 로터리 풍경이 펼쳐지고, 병태는 동양서림의 간판을 확인하자마자 안으로 들어가 『이방인』을 달라고 한다. 기다렸다는 듯이 냉큼 책을 건네는 누군가의 손이 비춰지고, 그 뒤에는 멀뚱히 주인공을 바라보는 까까머리 소년이 서 있다. 당시 병태 역을 맡은 배우 윤문섭은 성균관대학교 학생이었다. 혜화동 로터리와 성균관대는 그리 멀지 않은 거리에 있으니, 그에게 동양

영화 〈바보들의 행진〉에 등장하는 1970년대 동양서림의 모습. 주인공 병태가 점원에게 건네받은 『이방인』을 펼쳐보고 있으며, 출입구에는 각종 교과서와 참고서의 홍보물이 가득 붙어 있다.

서림은 상당히 익숙했을 것이다.

동양서림은 학자 집안에서 태어나 예술가의 아내로 살다간 이순경이 차린 서점이다. 여성의 존재를 누군가의 '딸'이자 '아내'로 소개하는 건 내키지 않지만, 동양서림은 국사학의 기초를 다진 역사학자 이병도와 독보적인 회화 세계를 펼친 화가 장욱진과도 연관이 깊다. 한국전쟁 후 이순경은 배고픈 예술가의 아내로 가족의 생계를 책임질 호구지책이 필요했다. 이때 그의 막냇동생이 학자 집안에 어울리는 장사로 서점을 제안한다. 때마침 혜화동 로터리는 주변에 학교가 많아서 책 장사에 안성맞춤이었다. 이순경은 세를 놓지 않겠다는 건물주에게 사정을 얘기해서 간신히 가게를 마련할 수 있었다.

서점의 하루는 바빴다. 특히 동양서림은 서점들 사이에 치열한 경쟁이 펼쳐지는 교과서 공급권을 따내기 위해 분주한 나날을 보내야 했다. 이순경은 인근 학교에 로비를 했고, 공급권을 따내면 신학기마다 학교에 가서 직접 교과서를 나눠준 뒤 남은 건 서점에서 팔았다. 교과서 공급권에 사활을 건 끝에 동양서림은 최고 전성기를 맞이했다. 이때 번 돈으로 이순경은 가게를 넓히고 건물을 사들였다.

영화의 장면으로 돌아가보자. 『이방인』을 건네받은 병태의 얼굴은 웃음으로 가득하다. 부탁받은 리포트를 써서 영자를 다시 만날 생각에 설레었던 걸까. 찰나지만, 영화에서는 다시 동양서림의 전경이 펼쳐진다. 출입구 양쪽에는 "대학입시 문제 정해正解", "진학", "대학진학 안내", "대학입시 완전 시리즈", "중학생의 가정교사 뉴우 스터디 북" 등 각종 교과서와 참고서의 홍보물이 가득 붙어 있다. 이를 뒷받침하듯 서점 서가에는 교과서와 문제집으로 보이는 책들이 빼곡이 진열되어 있다. 협소한 서점에 일반 단행본을 놓을 여유는 없어 보인다. 이때까지만 해도 동양서림은 교과서와 참고서를 위주로 판매했던 모양이다. 소위 팔릴 만한 책만 갖다놓은 서점이었다. 가족을 건사하기 위한 경영자의 선택이었다.

한자리에서 오래 책 장사를 한 만큼 이순경의 이야기는 그 시대 서점의 역사를 증언한다. 가장 먼저 기사화한 곳은 1968년 11월 7일자《경향신문》이다. 이순경이 출판유공자 표창을 받은 해였는데, 서점 주인이 그 표창을 받기는 이때가 처음이었다. 기자는 이순경을 '책 읽는 책방 아줌마'로 소개하며 서점 운영의 어려움을 자세히 서술한다. 주목할 점은 동양서림이 "작은 규모에 비해 종업원이 많기로 유명한" 서점이었다는 것이다.[16] 이순경은 동양서림에 근무하는 직원들에게 교육의 기회를 제공했다. 그 기회를 누린 대표적인 이가 "16년간 동양서림과 고락을 함께하고 성균관대 법대를 작년(1967년)에 졸업한 후 현재 동서림의 총무"로 근무한 최주보였다. 그는 이순경의 뒤를 이어 동양서림을 이끌게 된다.

1974년 2월 10일자 《조선일보》에서는 서점 운영에 대한 이순경의 고민을 엿볼 수 있다. 그는 "60년대 초엔 청계천의 책 덤핑 판매가 서점을 골탕 먹였고 60년대 말과 70년대 초엔 호화 장정의 전집류가 붐을 이뤄 장식용 서적의 외판이 서점에 된서리를 맞게 했죠. 한때 많이 팔리던 문고판이 요즘 다시 나오기 시작, 젊은 이들이 많이 사가는 것을 보면 기쁩니다"라고 밝혔다.[17] 책 장사야 늘 어렵지만, 시기마다 그 양상이 달랐던 것이다. 그의 말처럼 1960년대 초반은 청계천과 대학천의 서적 덤핑 판매로 서점계가 몸살을 앓던 시기다. 이 어려움을 잘 헤쳐 나가나 싶더니 월부 외판 문제가 대두되었다. 다행히 동양서림은 서적 덤핑 판매와 외판으로 인한 손해를 교과서 판매로 어느 정도 메울 수 있었다.

다른 한편 서점 운영에서 그에게 큰 걸림돌은 남편 장욱진이었다. 장욱진은 슬리퍼를 신은 채 어슬렁어슬렁 서점에 들어와서 손님들을 내쫓기 일쑤였다. 책을 보는 손님의 뒷등을 잡고서 "여기는 책을 사가는 데지, 보는 곳이 아니다"라며 나가라고 소리를 치는 식이었다. 장욱진은 기상천외한 언행을 거침없이 하는 기인으로 유명했다. 그래서 이순경은 혜화동 로터리에 남편이 나타났다 하면 서점 문을 내려버렸다.[18] 한자리에서 몇 십 년 장사를 하는 이에게 가장 중요한 건 단골이다. 더군다나 동양서림은 혜화동 일대의 사람들이 다 아는 서점이니, 운영자 입장에서는 차라리 하루 장사를 접는 게 나았을 것이다. 이러한 내용은 이순경의 글을 엮은 『진진묘』에 잘 나온다. 예술가의 아내로서 남편을 뒷바라지하는 고달픔을 엿볼 수 있는 책이다.

몇 년 전, 동양서림은 서점 2층을 시로 가득한 공간으로 바꾸는 파격적인 변화를 시도했다. 신촌의 시집 전문서점인 위트앤시니컬이 이곳으로 이전해 들어온 것이다. 동양서림이 건물 리모델링을 준비하면서 새로운 운영 방식에 대해 고민한 결과다. 동양서림과 위트앤시니컬의 동거는 '숍인숍Shop in Shop'이라기보다 '숍플러스숍Shop plus Shop'에 가깝다.[19] 하나에 하나를 더해 둘 이상의 시너지가 나는 문화공간을 만든 것이다. 이는 한 공간에서 다양한 문화를 경험하는 콘텐츠의 창출로 이어졌다. 갈 길이 아직 멀지만 30여 년 후에는 100년 서점의 탄생을 목도할 수 있지 않을까.

4장

독립서점의 오래된 미래

2000년대 후반에 들어서면서 서점계는 새로운 변화를 목도하게 된다. 각 지역마다 문화 거점으로 자리하던 중형서점이 조금씩 줄어드는 대신 곳곳에 독립서점이 들어선 것이다. 이번에는 독립서점과 유사한 시도를 하거나 영향을 준 과거의 사례들과 기존 서점의 틀을 벗어나 새로운 담론을 추구한 흐름을 살펴보았다. 즉 당대에 미래를 지향하고 꿈꾼 서점들의 이야기이면서 동시에 현재 주목받은 독립서점의 바탕이 된 문화를 추적한 것이다. 참신하고 독특한 시도를 선보인 독립서점의 역사를 검토함으로써 이에 대한 새로운 이해를 마련하고자 한다.

지역문화의 파수꾼, 중형서점

휴대폰이 없던 시절, 지역의 중형서점은 만남의 장소로 각광받았다. 영화를 보러 가거나 커피를 마시려고 해도 일단 서점 앞에서 만나는 문화가 있었다. 중형서점은 사람들이 익히 아는 데다가 다음 장소로 이동하기 쉬운 위치에 있다 보니 약속 장소로 제격이었다. 게다가 서점은 만나기로 한 이가 늦을 때 책을 구경하며 시간 때우기에도 매우 좋은 곳이었다. 그것도 공짜로 말이다. 서점이 2층 이상일 때는 '층별 약속'을 하기도 했다. 혼잡한 서점 입구 대신 몇 층에서 만날지 미리 정하는 것이다. 1층에 가볍게 들춰보는 잡지 코너만 둔 뒤 이용자들이 짤막한 글을 남길 수 있는 메모장과 메모판을 비치해둔 서점도 등장했다.

지역의 중형서점이 약속 장소로 주목받은 것은 서점의 대형화와 맞물리는 현상이었다. 1980년대 중·후반 교보문고의 지점 개설에 자극을 받은 지역 서점들은 내부 시설을 현대화하거나 매장 규모를 확장하기 시작한다. 청주의 신세계서점, 목포의 한림서적, 마산의 학문당, 통영의 이문당서점, 울산의 동아서림, 부산의 동보서적 등이 이 시기에 매장을 넓히면서 지역사회의 새로운 문화 공간으로 자리 잡는다.[1] 서점은 책을 진열하고 판매하는 정적인 매장에서 벗어나 이용자의 다양한 문화적 욕구를 충족시키는 역동적 공간으로 탈바꿈했다.

광주광역시 시청각자료실이 소장한 1991년 삼복서점 거리 사진. 광주의 번화가인 충장로에 서점이 있었음을 알 수 있다. 1932년에 일본인이 설립하고 해방 이후에 김중기가 운영한 삼복서점은 2008년 문을 닫았다.

　지역의 중형서점은 문화의 불모지나 다름없던 '지방'에 책과 문화를 공급하면서 의미 있는 활동을 펼쳤다.[2] 사람이든 문화든 모든 것을 서울이 집어삼키는 중앙집권적 한국사회에서 중형서점은 지역문화를 지키는 파수꾼 역할을 했다. 이들은 10∼20여 년 이상 지역에 터를 잡으며 중견 서점으로 성장한다. 지역사회의 구성원이자 지역문화의 플랫폼으로서 동네를 만들어간 것이다.

　몇 가지 사례를 살펴보자. 광주 서점의 본산인 삼복서점은 김중기-김영휘-김성규로 이어지는 3대가 가업을 세승한 곳으로 유명했다. 삼복서점의 전신은 일본인이 경영한 기쿠치서점이다. 주인이 극작가이자 소설가인 기쿠치 간을 존경해서 지은 이름이라고 한다.[3] 기쿠치서점은 1945년 해방과 함께 김중기가 인수했는데, 그는 세 가지 복을 구하자는 의미로 서점 이름을 삼복으로 바꾸었다. 삼복서점이 호황기를 맞은 건 한국전쟁 직후다. 교과서 공급을 맡으면서 성장의 발판을 마련한 것이다. 그리하여 1970년에는 기존의 단층 기와집 서점 자리에 3층 건물을 올릴 정도로 성장했다. 부산의 대한서적, 대구의 문화당서점과 함께 삼복서점은 '한강 이남의 3대 서점'으로 손꼽혔다.

포항의 경북서림은 직원에게 서점의 경영권을 넘겨주는 독특한 경영 문화를 창출했다. 1960년에 서점 터를 잡은 1대 사장 최영경은 1980년 직원 김태준에게 경영권을 넘겨주었다. 최영경은 현상 유지에 급급한 경영 방식을 비판하면서 대형화와 전문화로 성장 기틀을 마련해야 한다는 김태준의 주장을 받아들여, 소신껏 일을 추진하도록 그에게 경영권을 물려준 것이다. 이후 김태준은 1987년에 꼬박 10년간 그 서점에서 일한 김천섭에게 또 한 번 경영권을 넘겨줌으로써 경북서림만의 경영 문화를 다져 나갔다.

부산의 대표적인 서점으로는 영광도서가 있다. 1968년 부산 서면의 시장통에서 한 평 반 크기의 매장을 열며 출발했는데, 사장 김윤환은 서점을 운영하기 위해 자전거를 타고 부산을 누비며 헌책을 수집했다. 그 절반 정도는 부산 보수동의 헌책방거리에 넘겼고, 나머지는 자기 매장에서 학생들에게 헐값으로 팔았다. 장사수완이 뛰어난 그는 1978년 7월에 영광도서를 2층짜리 대형서점으로 확장했다. 이후 문화적 측면에도 관심을 기울여, '책의 해'로 지정된 1993년에 매달 무료로 영광독서토론회를 개최하기 시작했다. 꾸준하게 작가, 평론가, 독자가 한자리에 모이는 토론회를 마련하여 지역문화운동을 이끌면서 영광도서는 책(지식)과 문화(현장)가 넘나드는 선순환 구조를 만드는 데 성공했다.[4]

독립서점의 탄생, 그 맥락에 대하여

서점의 문화사에서 2000년대는 역설적인 시기다. 이때부터 각 도시에 있던 중형서점들이 하나씩 역사의 뒤안길로 사라지는 한편, 독특한 개성을 품은 독립서점들이 등장한 것이다. 대전의 문경서적(2003), 포항의 경북서림(2005), 춘천의 청구서적(2006), 대구의 제일서적(2006), 광주의 삼복서점(2008), 부산의 동보서적(2010) 등이 이 시기에 폐업했다. 서울이라고 해서 사정은 별반 다르지 않았다. 노량진의 국민문고(2006)를 비롯해서 마포의 한강문고(2020)와 은평구의 불광문고(2021) 등도 경영난을 극복하지 못하고 문을 닫았다.

독립서점은 2008년부터 2016년 사이에 폭발적으로 나타났다. 가가린, 스토리지북앤필름, 유어마인드가 그 출발을 알린 1세대 독립서점일 것이다. 이어서 서점 공간을 매력적인 장소로 바꾼 땡스북스, 전원주택을 서점으로 꾸민 후 북 스테이를 도입한 숲속작은책방, 소규모 서점의 새로운 가능성을 제시한 북바이북, 제주도

독립서점의 시작을 알린 서울 통의동의 가가린. 중고 책을 위탁판매하면서 입소
문이 났고, 독특한 분위기로도 주목받았지만 2015년에 문을 닫았다.

원도심에서 동네책방의 매력을 선보인 라이킷, 국내 최초로 심야
서점의 매력을 보여준 북티크 등이 독립서점의 다양한 빛깔을 만
들어갔다.

2000년대 후반에 모습을 드러낸 독립서점은 서점의 패러다임
을 바꾸었다. 독립서점은 '제3의 서점'을 지향한다. 제1의 서점은
책을 진열한 채 독자의 방문을 기다리는 수동적 서점이다. 제2의
서점은 이를 넘어서서 서점의 적극적이고 사회적인 역할을 모색
한 서점이다. 예컨대 1980년대 대학가를 휩쓴 사회과학서점이 이
에 해당한다. 이 책에서 말하는 제3의 서점은 수동성과 운동성에
서 나아가 다음과 같은 세 가지 지향을 선보였다.

첫째, 독립출판물을 취급한다. 기존 출판 환경과 유통 방식에서
벗어나 다양한 형식과 내용을 추구하는 독립출판물을 다룬 것이

서점의 시대

다. 기성 출판물처럼 ISBN이 없더라도, 혹은 오프라인과 온라인 서점에서 판매하지 않더라도 마음만 맞다면 이곳에선 유통할 수 있다. 획일적인 출판과 유통에서 벗어남으로써 이들은 새로운 바람을 일으켰다.

둘째, 북 큐레이션을 한다. 굳이 독립출판물을 취급하지 않더라도 독립서점 운영자의 관심과 취향에 따라 특정 주제와 분야의 책을 선별한다. 문학, 사회문제, 환경과 공동체, 디자인, 그림책, 지역 출판물 등 주제도 다양하다. 한정된 공간과 재원 속에서 서점의 변별성을 확보하려는 노력이기도 한데, 이렇게 색깔이 다른 덕분에 독립서점은 경쟁보다 협력에 치중하면서 새로운 콘텐츠 시장을 만들 수 있었다. 여러 서점이 한 지역에 몰려 있으면 시너지 효과를 불러일으키는 건 당연지사. 이를 잘 보여주는 곳이 서울의 해방촌이다.

셋째, 이야기가 깃든 공간이다. 기존 서점에서 볼 수 없는 독립 출판물, 책의 맥락을 재구성하는 북 큐레이션과 더불어 독립서점의 공간 자체가 갖는 이야기의 힘을 되짚어볼 필요가 있다. 그 이야기는 서점 주인의 파란만장한 인생사일 수도, 서점 방문자들이 품고 있는 각양각색의 사연일 수도. 아니면 서점 주인이 서점 공간에 기획해둔 콘셉트일 수도 있다. 이 세 가지 지향은 독립서점의 정체성을 만드는 중요한 요소지만 서점의 운영 방침에 따라서 선택적일 수 있다.

한편 2010년 전후로 열풍을 일으킨 1세대 독립서점의 탄생에 다른 나라의 독특한 책방 문화가 자극을 주었다는 이야기는 곱씹을 만하다. 땡스북스의 이기섭 대표는 1990년대 중·후반 뉴욕에 머물던 당시에 미국의 1위 서점 체인인 반스앤노블에 충격을 받았고, 서울 상암동에서 서점을 시작한 북바이북은 일본 B&B (Book&Beer)서점의 영향을 받았다. 북티크의 박종원 대표도 영국의 서점 문화에 느낀 바가 많다고 했다.[5] 이들은 해외 사례를 경험하면서 새로운 패러다임의 서점에 대한 필요성을 절감했다. 1세대 독립서점의 물꼬를 트는 데 해외 사례가 상당한 영향을 준 것이다.

외국의 이색적이고 기발한 서점에 대한 이야기는 1980년대부터 신문 보도를 통해 국내에 알려지기 시작했다. 1983년에 《조선일보》와 《경향신문》에는 새롭게 등장한 미국의 '여성전용서점'을 간략히 소개한 기사가 실렸다.[6] 이는 페미니스트 서점을 말하는데, 보도에 따르면 당시 미국에는 80여 개의 페미니스트 서점이 영업 중이었고 뉴욕의 우먼북스Womanbooks가 대표적인 서점이었다고 한다. 페미니스트 서점은 1970년대부터 2세대 페미니스트들이 주도한 페미니즘 운동의 일환으로 생겨났다.[7]

《조선일보》 1997년 9월 28일자에 보도된 프랑스 파리의 서평 서점도 눈길을 끈다. 파리 샹젤리제 부근에 위치한 리브르 스텔링Livre-Sterling은 서점 주인이 책 표지에 자신이 쓴 간략한 추천사

미국의 대표적인 여성전용서점으로 소개된 우먼북스. 이곳은 1975년부터 1987년까지 뉴욕에서 영업했는데, 서점을 가장한 여성 센터로 알려지기도 했다.

를 붙여두는 것으로 유명했다. 가령 프랑스의 대표적인 소설가 조르주 심농의 『안개의 항구』 표지에 "당신은 피곤하고 근심거리가 있다. 더 이상 책 읽을 여유도 없다. 그러면 심농을 읽어라. 기적처럼 당신의 두뇌가 다시 작동하리라"라고 일종의 문학 처방전을 붙여놓는 식이었다.[8] 이는 국내 독립서점들이 보여준 시도보다 앞선 사례일 것이다. 그밖에도 프랑스에는 '텍스트의 즐거움', '천 페이지', '검은 발톱', '책방의 꼭두각시들', '시간의 향기' 등의 서평 서점이 있었다.

일본 도쿄에 있는 모사쿠샤模索舎는 일반 서점에서 구할 수 없는 책들을 전문적으로 취급한 서점이었다. 1998년 5월에 발행된《출판저널》236호에서는 이곳을 '미니코미ミニコミ(미니 커뮤니케이션)'를 위한 서점으로 소개했는데, 미니코미란 일반적인 유통 시스템을

1970년에 운동권의 자료 공유를 위해 만들어진 찻집 겸 서점에서 출발한 일본의
모사쿠샤는 자신들의 빛깔을 보여주는 독립출판물을 가득 품은 공간이다.

거치지 않은 출판물로 한국의 독립출판물에 해당한다.[9] 모사쿠샤
는 1970년에 운동권 학생들이 자료를 공유하기 위해 만든 찻집
겸 서점에서 출발했다. 10평 남짓한 공간에는 책장별로 반핵, 군
사, 노동, 장애인, 시민운동, 북한, 문예 동인지, 문화, 여성 관련
출판물이 진열되어 있다. 이곳에서는《모사쿠샤 월보》를 발행하
여 책과 서점과 세상을 잇는 다양한 소식을 전했다.

1990~91년에 재일한국인문제연구소와 고베의 청년들, 그리
고 모사쿠샤가 공동 주최한 '재일 미니코미 북페어'는 모사쿠샤
의 북 큐레이션에 상당한 영향을 미쳤다. 이후 모사쿠샤는 재일조
선인 인권 문제를 다룬 출판물을 판매하기 시작했고, 이를 지켜본
재일조선인 단체들이 여러 자료를 서점에 보내주었다. 일종의 선
순환 구조가 만들어진 셈이다. 항간에는 재일조선인 문제를 연구

하려면 모사쿠샤만 한 자료 제공처가 없다는 말이 나돌기도 했다.

일본 나고야에 본점을 둔 빌리지 뱅가드Village Vanguard는 '놀 수 있는 책방'이라는 콘셉트로 국내 언론의 주목을 받았다. 거대한 창고를 개조한 듯한 매장 입구에는 "독서는 산책이다. 코스는 얼마든지 있다"라는 문구가 적힌 거대한 간판이 있다. 진열한 책도 독특하다. 베스트셀러는 거의 없고, 보통 서점에서 찾기 어려운 컬트 서적, 만화, 마니아들이 보는 전문 잡지, 동인지 등이 가득하다. 창업자 기쿠치 케이치는 "책방은 어디나 똑같다는 생각을 없애고 싶었다"라며 "최대한 개성 있는 서점을 목표로 만들었다"고 밝혔다.

1998년 9월에 발행된 《출판저널》 242호에서는 독일 베를린의 퀴어 서점 프린츠 아이젠헤르츠Prinz Eisenherz를 소개했는데, 이곳은 1978년에 퀴어 문화의 지평을 넓히고자 문을 열었다.[10] 이질적이고 낯선, 심지어 위험해보이는 서점의 등장에 낙서를 하거나 욕설을 퍼붓고 가는 사람이 많았다고 한다. 다행히 1990년대에 들어서면서 퀴어라는 개념이 사람들의 의식에 하나의 문화로 스며들면서 안정적으로 자리 잡는다. 퀴어운동 역사와 함께한 프린츠 아이젠헤르츠는 성 소수자의 사랑방이었다는 점에서 서점의 살롱 문화를 보여준다. 그렇다고 이들만을 위한 폐쇄적인 공간은 아니었고, 오히려 개방성과 전문성을 갖춘 서점을 지향했다. '퀴어' 서점일 뿐만 아니라 퀴어 '서점'으로서도 충실하려 했던 것이다.

1980~90년대에 소개된 해외 사례들은 다가올 한국 서점의 미래였다. 미국의 페미니스트 서점과 독일의 퀴어 서점은 책방이라는 공간이 정체성 문제와도 긴밀하게 이어질 수 있음을 보여주었다. 2015년에 등장한 퀴어 서점 '햇빛서점', 2017년에 페미니즘을 표방하며 나타난 '책방 꼴'과 '달리, 봄' 등은 한국의 서점 문화가 새로운 단계에 진입했음을 방증한다. 프랑스의 서평 서점과 일본의 모사쿠샤는 서점의 운영 방식을 돌아보게 했다. 책방 주인이 다양한 방식으로 책을 소개하는 서비스는 더 이상 낯선 풍경이 아니다. 기존의 출판유통 시스템 밖에 있는 독립출판물도 상당수 서점의 품으로 들어왔다. 1980~90년대에 소개된 해외 사례들은 당시에는 국내에서 반향을 일으키지 못한 듯하지만, 2000년대 후반에 등장한 독립서점 열풍의 오래된 미래였다는 점에서 주목할 필요가 있다.

다시, 서점의 틀을 깨다

한데 우리의 다방들은 얼마나 편리하고 다양한가. 지나칠 정도의 서비스도 있다. 때론 젊은 남녀가 뿜는 열기와 소음에 압도되는 곳도 있다. 그러나 서점 속의 다방은 아직 보지 못했다. 어느 외국의 경우 9층 건물 전체가 서점이었고 5층의 한구석에 다방이 있었다.

책을 고르다가 피곤해졌을 때 그곳에서 마시는 한잔의 커피는 정말 별미였다. 우리의 다방들도 이젠 컸으니 그런 종류의 것도 생길 법하다.[11]

건조하게 책을 진열한 서점에서 탈피해 책을 고르다가도 잠깐 커피를 마시며 쉴 수 있는 '서점 속 다방'의 필요성을 1970년대 후반에 제기한 글이 이채롭다. 이는 오늘날 북 카페라든가 음료를 판매하는 독립서점의 형태로 구현되었을 텐데, 수동적이고 정적인 서점의 틀을 깨트려야 한다는 문제의식은 일찍부터 있었다.

서울 혜화동 로터리의 고려다방 3층에 위치한 시집도서실은 1985년 9월 중순에 문을 열었다. 이곳은 시집을 전문적으로 출판해온 우리문학사가 시 문화를 정착시키기 위해 만든 공간이다. 엄밀하게 말하면 시집도서실은 서점이 아니라 시집을 전문적으로 모은 도서관 겸 카페였다. 10평 남짓한 공간의 벽면을 2000~3000여 권의 각종 시집, 시와 관련한 문예지, 논문집, 평전 등으로 가득 채웠다. 우리문학사 허재성 대표는 시집도서실을 만든 배경으로 "도서관이건 어디건 시집을 한군데에 모아둔 곳이 드물다. 어렵사리 냈을 시집들이 이리저리 뒹굴다가 난지도 쓰레기장으로 가는 게 안타까웠다"라고 심정을 밝혔다.[12]

1980년대는 시낭송회의 전성기였다. 공간 시낭독회, 시인회의 낭송회, 다섯소리 낭송회, 한가람 시조낭송회, 보리수 시낭송회 등이 서울 곳곳에서 열렸다. 시집도서실도 토요일마다 '밤과 꿈과 시'라는 시낭송회를 열어 시를 함께 나누는 기회를 마련했다. 이 행사는 꾸준히 이어져서 1987년 10월 17일에 100회를 맞이했고, 1989년 12월 2일에 200회를 기록했다. 그사이에 시집도서실의 운영자는 조해인에서 김경민으로 바뀌었고, 낭송회 이름도 '밤과 꿈과 시'에서 '꿈과 시와 사랑'으로 달라졌다. 이곳에서 만난 이들은 '혜화', '한실', '시도' 등의 시 동호회도 만들었다.

중요한 건 시집도서실을 맡아 운영한 이들이 각각 시집 전문서점을 차렸다는 사실이다. 시집도서실의 초창기를 이끈 조해인은 김정욱과 함께 1980년 10월 서울 대현동에 '시점詩店'이라는 시집 전문서점을 열었다.[13] 조해인과 김정욱은 아마추어 시 동호회에서 함께 활동하다가 동업을 하게 되었는데, 여러 출판사를 돌아다니며 매장에 비치할 시집을 구했다고 한다. 3평짜리 작은 매장에 2000여 권의 시집을 진열했고, 개점 날에는 서점 한쪽 벽에 유수창 시인의 작품 18점을 모아 시화전을 열기도 했다. 1987년 7월부터 시집도서실을 맡은 김경민은 1995년에 '시의 백성'이라는 서점을 차렸다.

시집도서실에서의 활동을 기반 삼아 문을 연 시 전문서점은 기존 서점의 형태를 벗어나려고 한 선구적인 사례다. 기존 서점이 기능적 측면에서 지식의 유통을 중시했다면, 시 전문서점과 시집도서실은 그 결이 매우 다르다. 시가 가지고 있는 정서의 힘을 신뢰하며 공간에 풀어냈달까. 서점을 지식 유통처가 아니라 감성적 공간으로 보았다는 점에서 이들의 시도는 참신했다.

이와 더불어 1980년대 후반에 전국교직원노동조합(이하 전교조) 출신 교사들이 세운 서점을 주목해볼 필요가 있다. 1989년 5월 28일에 창립한 전교조는 '교육의 민주화'를 기치로 내건 조직이었다. 하지만 전교조에 가입한 교사들은 블랙리스트에 올라 부당한 대우를 받아야 했다. 학교별로 이들에게 징계를 내렸고, 이에 불복하는 항의가 이어졌다. 1989년 7월 25일부터 8월 5일까지 명동성당에서 벌어진 단식농성은 전교조를 둘러싼 첨예한 갈등을 잘 보여준다. 이 과정에서 1500여 명의 교사는 학교를 떠나야 했다.

해직교사들은 다양한 활동을 벌이며 '교단에 다시 서는 꿈'을 꿨다. 대표적인 사례로 이들이 십시일반 돈을 모아 교육전문 월간지 《우리교육》을 창간한 일을 들 수 있다. 학교 주변에 문방구나 복사 가게를 열거나, 같은 학교 해직교사들끼리 퇴직금을 모아 서점을 차린 경우도 있었다.[14] 막막한 생계 문제도 해결하고 제자들과의 만남을 지속하기 위해서다. 구체적인 판매 목록을 확인할 순 없지만, 사회과학서점과 같이 비판적 의식을 담은 책도 상당수 진열했을 것이다.

전국적으로 해직교사들이 만든 서점은 10여 개 정도인 것으로 보인다. 서울에는 복직서점(대진고), 참글방(신원중), 두레서점(창문여고), 열림책방(서울학원)이 있었고, 경북 영주에는 우리글방, 광

전교조의 결성과 함께 해직된 교사들은 퇴직금을 모아 서점을 차리기도 했다. 인천의 초롱글방은 1989년에 해직된 인천 인화여고 황진도 교사가 연 서점으로, 이곳은 자신이 가르친 제자들과 만나는 소중한 장이었을 것이다.

주에는 죽호책방, 인천에는 초롱글방(선인학원)이 개점했다. 해직교사들은 보통 학교 앞에 서점을 차렸는데, 가령 서울 대진고등학교에서 해직된 6명의 교사들이 만든 복직서점은 학교에서 불과 20여 미터 떨어져 있었다. 언젠가 학교로 돌아가겠다는 의지의 표현이었다.

그런데 여기서 주목하고 싶은 지점은 서점 안에서 이루어진 연대의 경험이다. 교단에서 쫓겨난 해직교사들끼리, 그리고 해직교사와 학생이 서점에서 만났다. 학생들은 등하굣길에 들러서 이야기를 나누었고, 학부모와 시민들은 일부러 찾아와 책을 사갔다. 서로를 지지하고 응원하는 마음이 서점을 가득 채웠다. 이는 기존의 서점에서 할 수 없는 경험이었을 것이다. 이런 연대의 마음은

서점의 시대

서점의 운영 방식으로도 표출되었다. 경북 영주에서는 해직교사 5명과 현직교사 130여 명, 그리고 학생과 시민 등이 공동출자하여 우리글방이라는 서점을 차렸는데, 해직교사와 현직교사가 돌아가며 서점을 운영한 것이다.

아쉽게도 이 서점들은 오래 가지 못했다. 일단 서점의 주요 수입원인 참고서와 문제집을 서적 도매상에서 원활하게 공급받지 못한 경우가 많았다. 인근 서점들이 서적 도매상에 압력을 넣었기 때문이다. 일부 서점주는 입시교육에 시달리는 제자들을 위해 아예 참고서를 취급하지 않았지만, 참고서를 팔 수 있음에도 팔지 않는 것과 애초에 판매가 불가능한 것은 매우 다른 문제다. 참고서를 판매한 서점도 서점 운영 관행에 익숙지 않아 파산하는 경우가 많았다. 게다가 학교 측이 학생들의 서점 방문을 막기도 했다.[15]

1990년대는 문화 변동의 시대였다. 한국사회가 대중소비사회로 진입하면서 기존 가치관을 거부하는 청년 세대가 등장하는데, 1992년에 데뷔한 '서태지와 아이들'은 그 시작을 알리는 신호탄이었다. 이 세대는 기존의 지배담론을 뒤흔들었고, 기성세대와 다른 가치 체계를 드러내며 자유롭게 욕망을 분출했다. 옷차림, 머리 모양, 장신구, 먹을거리 등에서 기존 방식을 거부하며 새로운 문화를 만들어갔다.

1990년대에 드문드문 청년 세대가 운영한 서점이 발견된다. 먼저 1990년대 초반 경기도 부천 일대의 아파트 단지에서 큰 인기를 끈 소사책방을 살펴보자. 김순규 대표는 1989년에 10평 규모의 소사책방을 개점했는데, 운영이 어려워지자 이를 타개할 방법으로 책 대여를 생각해냈다. 1993년 이곳에서는 서적 도매상에서 들여온 책 중 일부를 대여용으로 비치한 뒤 회원제 대여를 실시했다. 이는 뜻밖에 아파트 주민들의 호응을 얻었고, 소사책방은 신규 아파트 단지마다 분점을 냈다.[16]

'신발끈'은 1997년 1월에 문을 연 국내 최초의 여행 전문서점이다. 배낭여행 1세대를 자처하는 장영복 대표가 "신발 끈을 졸라매고 길을 떠나려는" 사람들을 위해 만든 서점이다. 그는 1988년 해외여행 자유화 직후에 꾸준히 여행을 다니면서 아무런 정보가 없어 고생을 많이 했다고 한다. 그런 그가 해외여행을 떠나는 이들에게 필요한 정보를 제공하기 위해 여행사를 차렸고, 이와 함께 여행 전문서점도 냈다. 장영복 대표는 다양한 여행 서적과 물품을 판매하는 서점에다가 여행 정보를 주고받을 수 있는 카페 공간도 만들었다. 신발끈이 주최한 배낭여행 설명회는 나라별 여행 지식, 사진·비디오 촬영법, 여권 및 비자 만들기, 항공권 싸게 구하기 등의 노하우를 배울 수 있는 유용한 창구였다.

소사책방과 신발끈의 사례는 기존 서점의 틀을 깨트리는 시도였다는 점에서 주목할 만하다. 일본에서는 이미 1980년대 초반부터 책 대여를 병행하는 서점이 등장했다.[17] 소사책방이 일본의 사례를 참고했는지는 알 수 없지만 새로운 책 유통 방식을 선보인

건 분명해보인다. 신발끈의 경우 여행을 매개로 서점 공간을 적극
적으로 해석하고 활용한 사례다. 이러한 상황에서 언론도 새로운
서점의 필요성을 제기하고 나섰다.

> 새로 만들어지는 서점들은 개념이 좀 달라져야 한다. 미국의 경우
> 는 책, 음반, 커피를 함께 즐길 수 있는 공간으로 변해가고 있다. 우
> 리도 '북카페'처럼 독자들이 편안한 공간에서 책과 친숙해질 수 있
> 도록 기존의 서점 개념을 바꿔야 한다.[18]

결과론적인 해석이지만, 《한겨레》 1999년 1월 19일자에 실린
이 기사는 조만간 등장할 독립서점의 출현을 예고한 글이라 할 수
있다.

스트리트 페이퍼 문화와 서점

출판의 역사라는 관점에서 볼 때, 1990년대는 '스트리트 페이퍼
Street Paper의 시대'였다. 기존 잡지의 틀을 깨고 과감한 편집과 파
격적인 내용을 담아낸 스트리트 페이퍼는 청년 세대가 많이 모이
는 카페, 미용실, 당구장, 의류 매장 등에 무료로 배포되면서 큰
인기를 끌었다. 국내 스트리트 페이퍼의 원조는 1994년 8월에 창

간한 《인 서울 매거진》이며, 이후 《네오 룩》, 《업데이트》, 《페이퍼》 등이 연달아 나오면서 하나의 문화를 형성했다. 해외에서는 1970년대 말 무렵부터 《LA페이퍼》와 《도쿄타임아웃》 같은 스트리트 페이퍼가 출간되고 있었다.

스트리트 페이퍼는 실험적 사진과 디자인으로 느낌을 전달했고, 뚜렷한 주관과 색깔을 담아 정보를 제공했다. 기존 잡지가 취급하지 않던 주변부 이야기를 담아낸 것도 차별적이었다. 한마디로 잡지의 고정관념을 철저히 배격했다. 파격적인 문체, 날선 문화비평, 청년 세대의 구미를 끌어당기는 각종 정보를 선보인 스트리트 페이퍼는 국내 잡지의 새로운 흐름을 주도하면서 1990년대 인디문화의 아이콘으로 부상했다.

스트리트 페이퍼는 획기적인 아이디어를 바탕으로 광고 수입을 추구한 스타트업 컴퍼니에서 제작되었다. 대부분 개인이 비용을 조달해 손수 제작한 2000년대 후반 이후의 독립출판물과는 제작 주체나 비용 조달 방법 등에서 차이가 있다. 하지만 이들이 주류 문화에 저항하면서 기존 출판 시스템에 균열을 일으킨 점은 상당히 유사하다.

IMF 이후에는 1세대 스트리트 페이퍼를 대표하는 《페이퍼》의 발행 부수가 8만 5000부에 이를 만큼 최고의 전성기를 누렸다. 이와 함께 《나이고 싶은 나》, 《통조림》, 《토마토》, 《lunch box》, 《끼》, 《J. Book》 등 2세대 스트리트 페이퍼가 나타나기 시작한다.

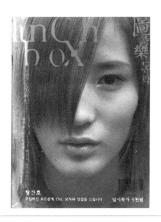

2세대 스트리트 페이퍼 중 하나인 《lunch box》의 창간호 표지. 유가지가 익숙지 않
은 독자를 배려해 창간호는 임시 특가로 판매했고, 표지에는 청년 세대 여성의 카리
스마 있는 얼굴을 내세웠다.

1999년 9월에 창간한 《나이고 싶은 나》는 자기 정체성에 대한 이
야기를 다양한 인터뷰 형식으로 풀어낸 잡지로, '나나'라는 애칭
으로 불렸다.

　2세대 스트리트 페이퍼의 가장 큰 특징은 무가지에서 유가지로
의 전환에 있다. 그러면서 잡지의 유통망도 대학가 카페에서 전국
서점으로 바뀌었다.[19] 예를 들어 1999년 9월에 창간호를 낸 건축
분야의 스트리트 페이퍼 《어프로치》는 건축 공모전 낙선작 가운
데 뛰어난 작품이나 무명 건축가의 전시 등을 소개하면서 기존 건
축 문화에 반기를 들었다. 서울건축학교, 한겨레문화센터, 심지서
적 등에서 배부했는데, 무가지를 표방했으나 구독의 값어치가 있
다고 판단한 독자들에게는 배부처에서 돈을 받았다.

거리의 반란을 주도한 스트리트 페이퍼의 유통망이 무가지 위주의 카페에서 유가지 중심의 서점으로 바뀌었다는 건 무엇을 의미할까. 이는 1990년대 인디문화의 언저리에 서점이 있었음을 시사한다. 스트리트 페이퍼를 비치한 것을 보더라도 기성세대의 가치관에 반기를 드는 전복의 상상력이 서점에 있었다고 말한다면 과한 평가일까. 서점은 그저 독자에게 인기가 많은 잡지를 비치해놓은 것일 수 있다. 하지만 이때 스트리트 페이퍼를 구하기 위해 서점에 들르고 인디문화를 향유했던 이들이 10여 년 후 독립서점의 탄생에 중요한 주춧돌 역할을 했다는 점을 염두에 두어야 할 것이다.

어느 날 갑자기 이루어지는 건 없다. 독립서점 열풍 역시 뜬금없이 나타난 건 아니었다. 한 지역에 10~20년 이상 꿋꿋하게 버티며 동네를 만들어간 중형서점들, 1980년대부터 국내에 알려지기 시작한 해외 서점 이야기, 기존 서점의 틀에서 벗어난 작은 시도들, 반란의 길거리 문화 등이 어우러져 숙성의 시간을 보냈기에 이전과 다른 패러다임의 서점이 등장할 수 있었다.

참고 문헌

1차 자료

신문

《경향신문》,《대한매일신보》,《독립신보》,《동아일보》,《매일경제》,《매일신보》,
《시대일보》,《조선일보》,《중앙신문》,《한겨레》,《황성신문》.

잡지

《대구사범심상과지》,《문화예술》,《사상월보》,《삼천리》,《신동아》,《아마추어 서
울》,《예향》,《월간경향》,《월간중앙》,《조광》,《출판저널》.

기타

· 장재흡,『조선인회사 · 대상점사전(朝鮮人會社 · 大商店辭典)』, 경성부업세계사,
  1927, 143쪽.
· 세운협업지원센터 제공, 「다시-세운기술서적 이야기자리(2018년 10월 27일)
  녹취록」.

단행본

· 강명관,『조선시대 책과 지식의 역사』, 천년의상상, 2014.

· 교보문고 엮음, 『교보문고 30년사』, 교보문고주식회사, 2011.

· 구선아, 『여행자의 동네서점』, 퍼니플랜, 2016.

· 김광균 외, 『세월이 가면』, 근성서재, 1982.

· 김교신, 『김교신 일보』, 홍성사, 2016.

· 김남일, 『책』, 문학동네, 2006.

· 김남일, 『근현대 한의학 인물실록』, 들녘, 2011.

· 김동인, 『동인전집』 8권, 홍자출판사, 1968.

· 김봉희, 『한국 개화기 서적문화 연구』, 이화여자대학교 출판부, 1999.

· 김상윤·정현애·김상집, 『녹두서점의 오월』, 한겨레출판, 2019.

· 김선출 외, 『내가 만난 김남주』, 이룸, 2000.

· 김수영, 『김수영전집2』, 민음사, 1989.

· 노세 마사시, 『서점경영 이렇게 승부한다』, 장경룡 옮김, 예영커뮤니케이션, 1997.

· 노준현, 『남녘의 노둣돌 노준현』, 미디어민, 2006.

· 박선홍, 『활자와 근대』, 너머북스, 2018.

· 박완서, 『그 많던 싱아는 누가 다 먹었을까』, 웅진씽크빅, 2005.

· 박종화, 『달과 구름과 사상과』, 휘문출판사, 1965.

· 박종화, 『역사는 흐르는데 청산은 말이 없네』, 삼경출판사, 1979.

· 백승종, 『금서, 시대를 읽다』, 산처럼, 2012.

· 백운관·부길만, 『한국 출판문화 변천사』, 타래, 1992.

· 백창화·김병록, 『작은 책방, 우리 책 좀 팝니다!』, 남해의봄날, 2015.

· 베르너 풀트, 『금서의 역사』, 송소민 옮김, 시공사, 2013.

· 부산민주항쟁기념사업회 민주주의사회연구소 엮음, 『양서협동조합운동』, 대성, 2011.

· 서울역사박물관 엮음, 『청계천 대학천 책방거리』, 서울역사박물관, 2022.

· 서진영, 『또 올게요, 오래가게』, 아르테, 2021.

· 심지연, 『산정에 배를 매고』, 개마서원, 1998.

· 안재성, 『이관술 1902~1950』, 사회평론, 2006.

· 어효선, 『내가 자란 서울』, 대원사, 2000.

· 여승구, 『책사랑 33년』, 한국출판판매주식회사, 1988.

· 유진오, 『다시 창랑정에서』, 창미사, 1985.

· 윤정인, 『책들이 머무는 공간으로의 여행』, 알마, 2017.

· 이겸노, 『통문관 책방비화』, 민학회, 1987.

· 이경훈 엮음, 『속 책은 만인의 것』, 보성사, 1993.

· 이두영, 『현대한국출판사』, 문예출판사, 2015.

· 이민희, 『마지막 서적중개상 송신용 연구』, 보고서, 2009.

· 이민희, 『백두용과 한남서림 연구』, 역락, 2020(개정판).

· 이봉구, 『도정』, 삼성출판사, 1972.

· 이중연, 『'책'의 운명』, 혜안, 2001.

· 이중연, 『책, 사슬에서 풀리다』, 혜안, 2005.

· 이중연, 『고서점의 문화사』, 혜안, 2007.

· 이중한 외, 『우리 출판 100년』, 현암사, 2000.

· 이화숙·강정아, 『서점은 내가 할게』, 빨간집, 2022.

· 임민택 외, 『삶을 묻는 그대에게』, 세대, 1990.

· 장소현, 『그림은 사랑이다』, 열화당, 2014.

· 장정순 외 엮음, 『진진묘』, 대학사, 2019.

· 장하구, 『마전에서 역삼까지』, 종로서적, 1979.

· 전남사회문제연구소 엮음, 『들불의 초상』, 풀빛, 1991.

· 전택부, 『남기고 싶은 이야기들』, 종로서적, 1993.

· 조경환 편저, 『서울 북맵』, 신선출판사, 1993.

· 조선영, 『책 파는 법』, 유유, 2020.

· 천유철, 『오월의 문화정치』, 오월의봄, 2016.

· 천정환, 『근대의 책 읽기』, 푸른역사, 2003.

· 최종규, 『모든 책은 헌책이다』, 그물코, 2004.

· 최혜진, 『한국의 그림책 작가들에게 묻다』, 한겨레출판, 2021.

· 파냐 이사악꼬브나 샤브쉬나, 『1945년 남한에서』, 김명호 옮김, 한울, 1996.

· 하동호, 『근대서지교류총』, 탑출판사, 1987.

· 한국기독교백주년기념사업협의회여성분과위원회, 『한국기독교여성백년사』, 대한기독교출판사, 1985.

· 한국출판문화운동협의회 엮음, 『출판탄압백서』, 한국출판문화운동협의회, 1987.

· 한기호, 『우리에게 온라인 서점은 과연 무엇인가』, 한국출판마케팅연구소, 2000.

· 한미화, 『동네책방 생존탐구』, 혜화1117, 2020.

· 헨리 페트로스키, 『책이 사는 세계』, 정영목 옮김, 서해문집, 2021.

· 황종수, 『나의 출판소화(出版小話)』, 보성사, 1990.

· Kristen Hogan, *The Feminist Bookstore Movement: Lesbian Antiracism and Feminist Accountability*, Duke University Press, 2016.

· 加藤哲郎·伊藤晃·井上學 編, 『社会運動の昭和史』, 白順社, 2006.

논문

· 강이수, 「근대 여성의 일과 직업관」, 《사회와역사》 65집, 2004년 5월.

· 강혜영, 「20세기 전반의 전주 지방 서적 발행 활동에 관한 연구」, 《서지학연구》 41집, 2008년 12월.

· 고은조, 「청계천 헌책방 특화거리 조성방안」, 고려대학교 교육대학원 석사학위논문, 2015.

· 김경일, 「지배와 연대의 사이에서: 재조일본인 지식인 미야케 시카노스케」, 《사회와역사》 105집, 2015년 봄호.

· 김종수, 「일제 식민지 문학서적의 근대적 위상」, 《우리어문연구》 41호, 2011년 9월.

· 박용찬, 「근대계몽기 재전당서포와 광문사의 출판과 그 특징 연구」, 《영남학》 61호, 2017년 6월.

· 박은영, 「시각문화의 관점에서 본 근대 도시 경성의 간판」, 《미술사논단》 51호, 2020년 12월.

· 박종린, 「해방 후 맑스주의 원전 번역과 조선좌익서적출판협의회」, 《역사문화연구》 61호, 2017년 2월.

· 송민호, 「대한제국시대 출판법의 제정과 출판검열의 법-문자적 기원」, 《한국현대문학연구》 43호, 2014년 8월.

· 신승모, 「조선의 일본인 경영 서점에 관한 시론」, 《일어일문학연구》 79권 2호, 2011.

· 엄태웅, 「회동서관의 활자본 고전소설 간행 양상」, 《고소설연구》 29집, 2010년 6월.

· 이민희, 「책쾌 송신용과 교주본 「여용국전(女容國傳)」 연구」, 《한국민족문화》 27호, 2006년 4월.

· 이상우, 「함세덕의 독서체험과 바다 소재 희곡에 대한 일고찰」, 《해양문화재》 16호, 2022.

· 이서구, 「책방세시기」, 《신동아》, 1968년 5월호.

· 이승우, 「개화기의 출판·서적계를 가다」, 《출판저널》 136호, 1993년 10월.

· 이윤석, 「신문 기사로 보는 회동서관」, 《근대서지》 20호, 2019년 하반기.

· 이종국, 「개화기 출판 활동의 한 징험: 회동서관의 출판문화사적 의의를 중심으로」, 《한국출판학연구》 49호, 2005년 12월.

· 이창경, 「세창서관과 딱지본」, 《문화예술》, 1987년 9~10월호.

· 이태영, 「완판방각본의 유통 연구」, 《열상고전연구》 61호, 2018년 2월.

· 임상민·이경규, 「식민도시 부산의 서점 연구」, 《동북아문화연구》 46권, 2016년 3월.

· 정진석, 「옛날 잡지에 생명을 불어넣은 백순재」, 《근대서지》 3호, 2011년 6월.

· 조기준, 「개화기의 서적상들」, 《월간중앙》, 1970년 9월호.

· 최호석, 「지송욱과 신구서림」, 《고소설연구》 19호, 2005년 6월.

· 최호석, 「영창서관의 고전소설 출판에 대한 연구」, 《우리어문연구》 37집, 2010년 5월.

블로그

· 「고경상과 광익서관(3) 신문관 판권 인수와 『무정』」, 반거들충이 한무릎공부 블로그(https://blog.naver.com/bookgram), 2012년 1월 13일.

· 취미수집박물관 블로그(https://blog.naver.com/newvisionk).

주석

1부 서점탄생 書店誕生

1장 종이에 가치를 부여하다

1 박선홍, 『활자와 근대』, 너머북스, 2018, 449쪽.

2 강명관, 『조선시대 책과 지식의 역사』, 천년의상상, 2014, 375쪽.

3 「거구종신(去舊從新)」, 《황성신문》, 1899년 4월 7일.

4 조기준, 「개화기의 서적상들」, 《월간중앙》, 1970년 9월호, 371쪽.

5 「여명의 개척자들(7)」, 《경향신문》, 1984년 4월 21일.

6 이승우, 「개화기의 출판·서적계를 가다」, 《출판저널》 136호, 1993년 10월, 8쪽.

7 조기준, 앞의 글, 372쪽.

8 최호석, 「지송욱과 신구서림」, 《고소설연구》 19호, 2005년 6월, 262쪽.

9 박종화, 『달과 구름과 사상과』, 휘문출판사, 1965, 138쪽.

10 박종화, 『역시는 흐르는데 청산은 말이 없네』, 삼경출판사, 1979, 371쪽.

11 김봉희, 『한국 개화기 서적문화 연구』, 이화여자대학교 출판부, 1999, 89쪽.

12 강혜영, 「20세기 전반의 전주 지방 서적 발행 활동에 관한 연구」, 《서지학연구》 41집, 2008년 12월, 111쪽.

13 이태영, 「완판방각본의 유통 연구」, 《열상고전연구》 61호, 2018년 2월, 158쪽.

14 박용찬, 「근대계몽기 재전당서포와 광문사의 출판과 그 특징 연구」, 《영남

학》61호, 2017년 6월, 160쪽.

2장 근대 서점의 기점, 출판서점

1 「출판업으로 대성한 제가(諸家)의 포부: 척독류에서 산성을 발한 영창서관 의 금일」, 《조광》 4권 12호, 1938년 12월; 최호석, 「영창서관의 고전소설 출판에 대한 연구」, 《우리어문연구》 37집, 2010년 5월, 360쪽에서 재인용.

2 이중연, 『'책'의 운명』, 혜안, 2001, 368쪽.

3 이종국, 「개화기 출판 활동의 한 징험: 회동서관의 출판문화사적 의의를 중심으로」, 《한국출판학연구》 49호, 2005년 12월, 245쪽.

4 「출판계의 원로 회동서관」, 《동아일보》, 1962년 6월 11일.

5 이서구, 「책방세시기」, 《신동아》, 1968년 5월호, 259쪽.

6 이종국, 앞의 글, 235쪽.

7 장재흡, 『조선인회사·대상점사전(朝鮮人會社·大商店辭典)』, 경성부업세계사, 1927, 143쪽.

8 김동인, 「문단 30년의 자취」, 『동인전집』 8권, 홍자출판사, 1968, 408쪽.

9 「고경상과 광익서관(3) 신문관 판권 인수와 『무정』」, 반거들충이 한무릎공부 블로그(https://blog.naver.com/bookgram), 2012년 1월 13일.

10 「유부인독창회재개」, 《동아일보》, 1920년 5월 13일.

11 「경성에서 대연주회」, 《동아일보》, 1921년 4월 28일; 「문예대강연회」, 《동아일보》, 1921년 5월 5일.

12 「서적시장조사기」, 《삼천리》 7권 9호, 1935년 10월 1일, 138쪽.

13 「출판업으로 대성한 제가(諸家)의 포부: 출판문화의 전당 박문서관의 업적」, 《조광》 4권 12호, 1938년 12월; 편집부, 「박문서관과 노익형 관련 자료 모음」, 《근대서지》 6호, 2012년 12월, 785쪽에서 재인용.

14 「학예전당의 총개방 "박문문고" 수출간」, 《조선일보》, 1939년 1월 11일.

15 김종수, 「일제 식민지 문학서적의 근대적 위상」, 《우리어문연구》 41호, 2011년 9월, 476쪽.

16 「백 원도 못되는 적은 자본으로, 통신판매가 성공의 비결」, 《매일신보》, 1936년 5월 14일.

3장 불온한 사상의 거처

1 「금수피압(禽獸被押)」, 《대한매일신보》, 1908년 7월 18일.

2 이중연, 『'책'의 운명』, 혜안, 2001, 389쪽; 백승종, 『금서, 시대를 읽다』, 산처럼, 2012, 99쪽.

3 「활계소설(滑稽小說) 금수회의록」, 《대한매일신보》, 1908년 4월 25일.

4 송민호, 「대한제국시대 출판법의 제정과 출판검열의 법-문자적 기원」, 《한국현대문학연구》 43호, 2014년 8월, 20쪽.

5 「서적압수(書籍押收)」, 《황성신문》, 1909년 5월 7일.

6 「학부분서(學部焚書)」, 《대한매일신보》, 1909년 5월 27일.

7 「허가출판된 서적을 지방경찰이 압수」, 《조선일보》, 1930년 12월 4일.

8 「남대문, '남대문'이란 란은 서울 상계(商界)의 이면을 알려드리기 위하야 특설한 것이의이다」, 《삼천리》 4권 9호, 1932년 9월, 33쪽.

9 「극좌익행동」, 《조선일보》, 1930년 9월 9일.

10 「조선공산당의 재건을 획책」, 《매일신보》, 1932년 2월 13일.

11 「左傾文獻の取締に就て」, 《사상월보》 2권 4호, 1932년 7월 15일.

12 「격문근원지라고 서점에 폐쇄명령」, 《조선일보》, 1932년 5월 13일.

13 「발금서적판매로 각서점에 대철퇴」, 《조선일보》, 1933년 5월 25일.

14 「평양서 서점검색 좌경서적을 압수」, 《조선일보》, 1933년 8월 11일.

15 「분서삼천권 대동강변의 연기로」, 《동아일보》, 1933년 8월 15일.

16 베르너 풀트, 『금서의 역사』, 송소민 옮김, 시공사, 2013, 117쪽.

17 《대구사범심상과지》, 대구사범심상과동문회, 1991, 196쪽.

18 「반년간(22)」,《동아일보》, 1933년 7월 10일.

19 심지연, 『산정에 배를 매고』, 개마서원, 1998, 68쪽.

20 한국기독교백주년기념사업협의회여성분과위원회, 『한국기독교여성백년사』, 대한기독교출판사, 1985, 353쪽.

21 「환선서점건물 종방과의 분규」,《중앙신문》, 1946년 2월 23일.

22 박종린, 「해방 후 맑스주의 원전 번역과 조선좌익서적출판협의회」,《역사문화연구》 61호, 2017년 2월, 209쪽.

23 임민택, 「낙서」, 『삶을 묻는 그대에게』, 세대, 1990, 30쪽.

24 유진오, 『다시 창랑정에서』, 창미사, 1985, 182쪽.

25 「증언으로 엮는 해방전후 출판계(5)」,《출판저널》 48호, 1989년 9월, 6쪽.

26 「우리서원피습」,《독립신보》, 1946년 6월 18일.

27 「좌익서적안내」,《중앙신문》, 1945년 11월 15일.

28 안재성, 『이관술 1902~1950』, 사회평론, 2006, 226~227쪽.

29 「말의 홍수기」,《동아일보》, 1980년 2월 7일.

30 「대학가 서점 많이 늘었다」,《조선일보》, 1986년 4월 11일.

31 「이대생들, 잿더미 된 학교앞서점 다시 살려」,《조선일보》, 1985년 3월 22일.

32 「고대생 "장백서점 살리자"」,《동아일보》, 1997년 7월 24일.

33 한국출판문화운동협의회 엮음, 『출판탄압백서』, 한국출판문화운동협의회, 1987, 27쪽.

34 「고대생 "장백서원을 살리자"」,《경향신문》, 1996년 5월 4일; 「연대 오늘의책 되찾기 교수·학생 서점살리기 모금운동」,《경향신문》, 1996년 11월 9일.

4장 옛것이 살아 숨 쉬는 곳, 고서점

1 「한남서림 주인 백두용씨 담」,《매일신보》, 1930년 5월 1일.

2 이민희, 『백두용과 한남서림 연구』, 역락, 2020, 30쪽.

3 이민희, 「책쾌 송신용과 교주본 「여용국전(女容國傳)」 연구」, 《한국민족문화》 27호, 2006년 4월, 210~211쪽.

4 하동호, 「한국 고서적상 변천약고」, 『근대서지교류총』, 탑출판사, 1987, 23쪽.

5 「고활자와 함께 40년」, 《경향신문》, 1964년 4월 14일.

6 황종수, 『나의 출판소화(出版小話)』, 보성사, 1990, 47쪽; 이중한 외, 『우리 출판 100년』, 현암사, 2000, 65쪽.

7 이중연, 『고서점의 문화사』, 혜안, 2007, 218쪽.

8 정진숙, 「제82화 출판의 길 40년(23) 대동출판사」, 《중앙일보》, 1985년 4월 22일.

9 이겸노, 『통문관 책방비화』, 민학회, 1987, 28~30쪽.

10 이민희, 『마지막 서적중개상 송신용 연구』, 보고사, 2009, 241쪽.

11 최종규, 『모든 책은 헌책이다』, 그물코, 2004, 22쪽.

12 이중연, 『책, 사슬에서 풀리다』, 혜안, 2005, 29쪽.

13 박완서, 『그 많던 싱아는 누가 다 먹었을까』, 웅진씽크빅, 2005, 215~216쪽.

14 파냐 이사악꼬브나 샤브쉬나, 『1945년 남한에서』, 김명호 옮김, 한울, 1996, 82쪽.

15 황종수 증언, 「도서유통업계 편」, 『속 책은 만인의 것』, 이경훈 엮음, 보성사, 1993, 345~346쪽.

16 「영도교 건설 기록사진 발견」, 《조선일보》, 1976년 9월 18일.

17 정진석, 「옛날 잡지에 생명을 불어넣은 백순재」, 《근대서지》 3호, 2011년 6월, 55쪽.

18 최종규, 앞의 책, 56~57쪽.

5장 개성과 매력이 가득한 전문서점

1 김남일, 『근현대 한의학 인물실록』, 들녘, 2011, 400쪽.

2 「349년 만에 세상의 빛 본 삼방촬요, 인고의 시간 끝에 조부의 소망 이뤄냈

죠」,《민족의학신문》, 2017년 10월 26일.

3 「소규모 전문서점 늘고 있다」,《한겨레》, 1989년 11월 24일.

4 조경환 엮음,『서울북맵』, 진선출판사, 1993, 102쪽.

5 서진영,『또 올게요, 오래가게』, 아르테, 2021, 254쪽.

6 세운협업지원센터 제공,「다시-세운기술서적 이야기자리(2018년 10월 27일) 녹취록」.

7 《아마추어 서울 7호: 조은영의 장사동》, 2018.

8 「전문서점 크게 늘었다」,《동아일보》, 1991년 10월 1일.

9 「'얘들아, 그곳에 가서 꿈을 읽어라…' 60여곳 전국 '어린이 전문서점' 안내」, 《경향신문》, 1998년 5월 1일.

10 이화숙·강정아,『서점은 내가 할게』, 빨간집, 2022, 19~39쪽.

11 최혜진,『한국의 그림책 작가들에게 묻다』, 한겨레출판, 2021, 41쪽.

12 「사업보고」,《주간양서소식》 4호, 1979년 1월 22일.

13 어린이도서연구회 20년사 편찬위원회,『겨레의 희망 어린이에게 좋은 책을』, 어린이도서연구회, 2000, 15쪽.

14 윤정인,『책들이 머무는 공간으로의 여행』, 알마, 2017, 162쪽.

15 「전문책방(1) 서울 명동 대한음악사 31년 지켜온 순수음악 산실」,《경향신문》, 1994년 4월 6일.

6장 대형서점과 온라인서점의 등장

1 「서점실태 이대로 좋은가」,《매일경제》, 1976년 11월 2일.

2 노세 마사시,『서점경영 이렇게 승부한다』, 장경룡 옮김, 예영커뮤니케이션, 1997, 39쪽.

3 황종수,『나의 출판소화』, 보성사, 1990, 62쪽.

4 이중연,『책, 사슬에서 풀리다』, 혜안, 2005, 30쪽.

5 「도서정가판매동맹」,《동아일보》, 1923년 2월 3일.

6 백운관·부길만,『한국 출판문화 변천사』, 타래, 1992, 226쪽.

7 「책값이 싸진다 정가제 선언한 출판계」,《동아일보》, 1972년 10월 5일.

8 백운관·부길만, 앞의 책, 260쪽.

9 「나의 유학시절(146)」,《매일경제》, 1983년 6월 23일.

10 장하구,『마전에서 역삼까지』, 종로서적, 1979, 170쪽.

11 「종로서적센터 5백평의 국제규모로 확장」,《동아일보》, 1979년 10월 6일.

12 이두영,『현대한국출판사』, 문예출판사, 2015, 360쪽.

13 앞의 책, 424쪽.

14 교보문고 엮음,『교보문고 30년사』, 교보문고주식회사, 2011, 169쪽.

15 앞의 책, 186~187쪽.

16 「서점 숙제 많은 대형화」,《동아일보》, 1985년 6월 21일.

17 헨리 페트로스키,『책이 사는 세계』, 정영목 옮김, 서해문집, 2021, 227쪽.

18 「고서 전시판매 인기」,《매일경제》, 1980년 9월 4일.

19 「인터넷 사이버서점이 뜬다」,《매일경제》, 1998년 3월 10일.

20 조선영,『책 파는 법』, 유유, 2020, 18쪽.

21 한기호,『우리에게 온라인서점은 과연 무엇인가』, 한국출판마케팅연구소, 2000, 75쪽.

22 「사이버서점 "가격파괴" 단행본 30%까지 할인」,《동아일보》, 1999년 10월 7일.

2부 서점본색 書店本色

1장 서점 거리의 역사 풍경

1 어효선,『내가 자란 서울』, 대원사, 2000, 176쪽.

2 「신생명에 약동하는 작금의 종로가(3)」, 《매일신보》, 1925년 12월 16일.

3 「저작권사건 일심불복공소」, 《동아일보》, 1925년 12월 2일.

4 최호석, 「영창서관의 고전소설 출판에 대한 연구」, 《우리어문연구》 37집, 2010년 5월, 368~372쪽.

5 이창경, 「세창서관과 딱지본」, 《문화예술》, 1987년 9~10월호, 49쪽.

6 「신생명에 약동하는 작금의 종로가(3)」, 《매일신보》, 1925년 12월 16일.

7 「문화의 거리 현장을 찾아서」, 《조선일보》, 1981년 12월 26일.

8 임상민·이경규, 「식민도시 부산의 서점 연구」, 《동북아문화연구》 46권, 2016년 3월, 53쪽.

9 「자동차와 충돌 서점배달부 부상」, 《조선일보》, 1938년 6월 1일.

10 「배달은 폐지 대판옥호서점담」, 《매일신보》, 1940년 12월 28일.

11 신승모, 「조선의 일본인 경영 서점에 관한 시론」, 《일어일문학연구》 79권 2호, 2011, 321쪽.

12 앞의 글, 326쪽.

13 박은영, 「시각문화의 관점에서 본 근대 도시 경성의 간판」, 《미술사논단》 51호, 2020년 12월, 71쪽.

14 이상우, 「함세덕의 독서체험과 바다 소재 희곡에 대한 일고찰」, 《해양문화재》 16호, 2022, 16쪽.

15 「여운형씨는 무엇하고 계시나」, 《삼천리》 10권 1호, 1938년 1월, 17쪽.

16 천정환, 『근대의 책 읽기』, 푸른역사, 2003, 383쪽.

17 김교신, 『김교신 일보』, 홍성사, 2016, 52쪽.

18 「초특선된 장동순양」, 《매일신보》, 1943년 5월 27일.

19 「일본서적을 들여오려면?」, 《조선일보》, 1957년 5월 30일.

20 「서울 새풍속도(216)」, 《경향신문》, 1971년 8월 13일.

21 장소현, 『그림은 사랑이다』, 열화당, 2014, 68쪽.

22 서울역사박물관 엮음, 『청계천 대학천 책방거리』, 서울역사박물관, 2022, 72쪽.

23 앞의 책, 191쪽.

24 고은조, 「청계천 헌책방 특화거리 조성방안」, 고려대학교 교육대학원 석사
학위논문, 2015, 59쪽.

25 서울역사박물관 엮음, 앞의 책, 72~76쪽.

2장 서점이 꽃피운 살롱 문화

1 김광균, 「마리서사 주변」, 『세월이 가면』, 근역서재, 1982, 137쪽.

2 김수영, 「마리서사」, 『김수영전집2』, 민음사, 2003(개정판), 105쪽.

3 양병식, 「한국 모더니스트의 영광과 비참」, 『세월이 가면』, 94쪽.

4 이중연, 『고서점의 문화사』, 혜안, 2007, 196~197쪽.

5 김광균, 「마리서사 주변」, 『박인환 전집』, 문학세계사, 1986, 218쪽.

6 김수영, 앞의 글, 72쪽.

7 「집념과 근면으로 일관한 '출판 외길'」, 《출판저널》 176호, 1995년 9월, 16쪽.

8 「명동 20년(15)」, 《조선일보》, 1965년 9월 2일.

9 김남일, 『책』, 문학동네, 2006, 17~19쪽.

10 김희욱, 「부산양서협동조합」, 『양서협동조합운동』, 부산민주항쟁기념사업회
민주주의사회연구소 엮음, 대성, 2011, 147쪽.

11 박진해, 「경남양서보급회를 돌아보다」, 앞의 책, 74쪽.

12 노준현, 『남녘의 노둣돌 노준현』, 미디어민, 2006, 95쪽.

13 김선출, 「한반도의 '체 게바라'」, 『내가 만난 김남주』, 이룸, 2000, 60쪽.

14 손동우, 「옥중시인 김남주」, 《월간경향》, 1988년 5월호, 540쪽.

15 이인배, 「석방운동 전세계로 번진 김남주, 그는 누구인가」, 《예향》, 1988년
8월호, 175쪽.

16 김상윤·정현애·김상집, 『녹두서점의 오월』, 한겨레출판, 2019, 22쪽.

17 전남사회문제연구소 엮음, 『들불의 초상』, 풀빛, 1991, 237쪽.

18 천유철, 『오월의 문화정치』, 오월의봄, 2016, 166쪽.

19 김상윤·정현애·김상집, 앞의 책, 120쪽.

20 앞의 책, 134쪽.

3장 서점과 동고동락한 여성들

1 「미모의 서점 마담, 문사 노춘성 부인 이준숙씨」,《삼천리》 9권 4호, 1937년 5월 1일, 44쪽.

2 강이수, 「근대 여성의 일과 직업관」,《사회와역사》 65집, 2004년 5월, 185쪽.

3 이중연, 『고서점의 문화사』, 혜안, 2007, 159쪽.

4 김경일, 「지배와 연대의 사이에서: 재조일본인 지식인 미야케 시카노스케」, 《사회와역사》 105집, 2015년 봄호, 290쪽.

5 이중연, 앞의 책 155쪽.

6 井上學, 「1930年代日朝共産主義者の邂逅: 三宅鹿之助と李載裕」, 『社会運動の昭和史』, 加藤哲郎·伊藤晃·井上學 編, 白順社, 2006, 202쪽.

7 「지상고문」,《조선일보》, 1937년 6월 8일.

8 이봉구, 『도정』, 삼성출판사, 1972, 253쪽.

9 이중연, 앞의 책 165쪽.

10 장재흡, 『조선인회사·대상점사전』, 경성부업세계사, 1927, 201쪽.

11 「전주에 여청년회」,《시대일보》, 1925년 6년 17일.

12 「적로혁명기념일과 전주청년회기념강연」,《조선일보》, 1926년 11월 2일.

13 「박종만씨 서점 개업」,《매일신보》, 1927년 12월 30일.

14 「투서함배치 전주본지국에서」,《동아일보》, 1928년 3월 19일.

15 「전주의 초인상」,《동아일보》, 1936년 7월 21일.

16 「동양서림 주인 이순경씨」,《경향신문》, 1968년 11월 7일.

17 「여성의 알뜰 기업 동양서림 이순경 여사」, 《조선일보》, 1974년 2월 10일.

18 장정순 외 엮음, 『진진묘』, 태학사, 2019, 40쪽.

19 구선아, 『여행자의 동네서점』, 퍼니플랜, 2016, 179쪽.

4장 독립서점의 오래된 미래

1 「지방서점 대형화 바람」, 《조선일보》, 1987년 12월 11일.

2 백창화·김병록, 『작은 책방, 우리 책 좀 팝니다!』, 남해의봄날, 2015, 165쪽.

3 「광주 서점가의 본산 '삼복서점'」, 《예향》 95호, 1992년 8월, 97쪽.

4 김진, 「부산의 전시·문화공간 (6) 영광도서」, 《다이내믹 부산》 제202006호, 2020년 6월, 22~23쪽.

5 한미화, 『동네책방 생존탐구』, 혜화1117, 2020, 20~22쪽.

6 「미에 여성전용서점 성업」, 《조선일보》, 1983년 10월 9일; 「미에 여성전용서점 크게 인기」, 《경향신문》, 1983년 10월 12일.

7 Kristen Hogan, *The Feminist Bookstore Movement: Lesbian Antiracism and Feminist Accountability*, Duke University Press, 2016.

8 「프랑스에 '서평서점' 등장」, 《조선일보》, 1997년 9월 28일.

9 김은지, 「해외 서점 탐방: 소박하지만 신념이 있는 공간」, 《출판저널》 236호, 1998년 5월, 22~23쪽.

10 박진희, 「해외 서점 탐방: 주변문화의 전문성 살린 열린 공간」, 《출판저널》 242호, 1998년 9월, 14~15쪽.

11 「서점 속의 다방」, 《동아일보》, 1977년 2월 11일.

12 「시집도서실 등장」, 《조선일보》, 1985년 10월 5일.

13 「시 전문서점 등장」, 《경향신문》, 1980년 10월 16일.

14 「해직교사들 뜻모아 책방 열어 30여명 서울 4곳서 만남의 문 활짝」, 《한겨레》, 1989년 11월 2일.

15 「교문 밖의 선생님」,《동아일보》, 1992년 5월 9일.

16 「서점서 빌려줍니다」,《조선일보》, 1993년 2월 9일.

17 「일본서 번지는 새 독서풍조 회원제 대여서점 인기」,《경향신문》, 1983년 10월 29일.

18 「"서적 거래관행 합리화 기틀 마련"」,《한겨레》, 1999년 1월 19일.

19 「길거리 휩쓰는 '2세대 거리잡지'」,《경향신문》, 1999년 11월 2일.

사진 출처

18쪽 위 공공누리 제1유형, 국립한글박물관, 사민필지(학부, 1895), 소장품번호 한구 5429 | 26쪽 『도서분류총목록』, 신구서림, 1931; 방효순, 「조선도서주식회사의 설립과 역할에 대한 고찰」,《근대서지》6호, 2012년 12월, 64쪽에서 재수록 | 29쪽 위 공공누리 제1유형, 수원광교박물관, 전주시장 풍경, 소장품번호 사운 51585 | 29쪽 아래 국립중앙도서관 제공 | 31쪽 최호석, 「대구 재전당서포의 출판 활동 연구」,《어문연구》34권 4호, 2006년 겨울, 231쪽에서 재수록 | 41쪽 아래 남석순, 「처음 공개, 사진으로 보는 근대의 출판사」,《출판문화》45권 8호, 2008년 8월, 10쪽에서 재수록 | 45쪽 공공누리 제1유형, 전주역사박물관, 딱지본 소설, 소장품번호 구입 170043 | 63쪽 미국 국립문서기록관리청 제공 | 72쪽 공공누리 제1유형, 서울역사아카이브, '그날이오면' 가게 전면, 아카이브번호 48966 | 89쪽 위,아래 통문관 제공 | 108쪽 위 아마추어 서울 제공 | 111쪽 초방 제공 | 116쪽 신병곤 제공 | 123쪽 취미수집박물관 블로그(https://blog.naver.com/newvisionk) 제공 | 131쪽 왼쪽 Edgar Snow Memorial Foundation 제공 | 146쪽 공공누리 제1유형, 서울역사아카이브, 종로 일대, 아카이브번호 95980 | 148쪽 공공누리 제1유형, 서울역사아카이브, 경성우편국 옆 본정 1정목 입구, 아카이브번호 103028 | 149쪽 공공누리 제1유형, 서울역사아카이브, 경성대판옥호서점, 아카이브번호 98191 | 152쪽 공공누리 제1유형, 서울역사아카이브, 일한서방, 아카이브번호 98234 | 157쪽 위,아래 공공누리 제1유형, 서울역사아카이브, 환선

주식회사 경성출장소, 아카이브번호 98231 | **161쪽** 경향신문사 제공 | **163쪽** 국
가기록원 제공, 등록번호 CET0031378 | **168쪽** 『季刊 鄔其山』, 1985년 가을호
에서 재수록 | **181쪽** (사)부산민주항쟁기념사업회 제공 | **183쪽** (사)부산민주항
쟁기념사업회 제공 | **188쪽** 대한민국역사박물관 제공 | **194쪽** 공공누리 제1유형,
국립한글박물관, 홍장미필때(미모사서점, 1937), 소장품번호 한구 13143 | **209**
쪽 광주광역시청 제공 | **215쪽** Manuscripts and Archives Division, The New York
Public Library. (1976). *Kady Vandeurs reading at Womanbooks, New York City*
Retrieved from https://digitalcollections.nypl.org/items/510d47e3-cbc5-a3d9-
e040-e00a18064a99 | **216쪽** 모사쿠샤 제공 | **222쪽** 황진도 제공 | **227쪽** 프로파
간다 시네마 그래픽스 제공

찾아보기

- 이 책은 한국출판문화산업진흥원의 '2022년 인문 교육 콘텐츠 개발 지원 사업'을 통해 발간된 도서입니다.

서점의 시대

지성과 문화가 피어난 곳, 그 역사를 읽다

ⓒ 강성호

초판 1쇄 발행 | 2022년 10월 31일
초판 2쇄 발행 | 2022년 11월 30일

지은이 | 강성호
펴낸이 | 임윤희
편   집 | 오지은 천경난
표지 디자인 | 이석운
제   작 | 제이오

펴낸곳 | 도서출판 나무연필
출판등록 | 제2014-000070호(2014년 8월 8일)
주소 | 08613 서울 금천구 시흥대로73길 67 엠메디컬타워 1301호
전화 | 02-2038-8821
팩스 | 0303-3445-8187
이메일 | book@woodpencil.co.kr
홈페이지 | woodpencil.co.kr

ISBN | 979-11-87890-44-7 03900

- 이 책은 저작권법에 따라 보호받는 저작물이므로 무단전재와 무단복제를 금합니다.
- 책값은 뒤표지에 있습니다. 잘못 만든 책은 서점에서 바꿔드립니다.

서점의 시대